JN069792

10日間

短期完成！

目・耳・口・手をフル活用！

英文法の基礎

超入門

妻鳥千鶴子

Jリサーチ出版

Message to the Readers

読者の皆さんへ

英会話上達のためには、文法を気にせず、どんどん話すことが大切——皆さんは、こんな話を聞いたことはないですか？　また、ネイティブと話していて、「なぜ日本人はこんなに文法に詳しいんだ？」「そんな細かい文法にこだわる必要はないよ」などと言われた経験はないですか？

あるある！

「私は文法なんて気にしないで、ひたすら言いたいことを言うようにしているのだ！」と言う人や「文法なんていらない、単語だけで十分通じるよ」と言う人もいます。

でも、ちょっと待ってください。これには誤解や落とし穴があるのです。

文法は英語を使うのにゼッタイ必要だ

文法とは、**スムーズなコミュニケーションをとるための一定のルールです。**

日本語だって、「て・に・を・は」がいい加減だと大きな誤解を招く場合がありますよね。たとえば、「私は弟に英語を教えます」と「私に弟は英語を教えます」では、意味が180度変わってしまいます。また、たとえば、「昨日旅行に行きます」と言われても、「はて…いつの話なのか…?」と、わからないですね。

英語もこれとまったく同じで、文法が正しくなければ、意思や情報を正確に相手に伝えることができなくなってしまいます。**不必要な誤解**を招いたり、**人間関係にヒビ**が入ってしまったり、もう大変です。

ということで、文法は英語を使うために、必要なものであることをしっかり理解しましょう。それがわかった上で、以下のことを実行しましょう。

練習するときは、ミスを気にしない

まず「文法を気にしない」のではなく、**文法ミスを犯すことをあまり気にせず、どんどん英語の練習をする**ようにしましょう! 文法を気にしないことと、文法ミスを犯すことを気にしないことの間には、**大きな違い**があります。文法を気にしないからと言って、正しい文法を全然学ばないでいると、英語はいつまでたっても上達しません。

「文法なんて必要ない」と言っている人に限って、英語圏に何年も住んでいるのに、ブロークンな英語しか話せない人が多いのです。「あなたの英語は文法がひどすぎて、とても分かりにくい」と直接言われることはないかもしれませんし、多くの人と話す必要がなく、一部の人に迷惑をかけつつも何とか生き延びるためだけに英語を使えばいい、というような人ならそれでもかまわないかもしれません。

逆に、留学や英語圏滞在の経験がないにも関わらず、発音や正確な文法に気をつけて、英語を書いたり話したりするように努力を積み重ねることで、ネイティヴ・スピーカーたちが感心するくらい英語が上手な人も大勢います。

大人として恥ずかしくない英語を話し、スムーズにコミュニケーションを取りたいのであれば、文法が重要であることを自覚して、正しい文法を身につけていきましょう。

妻鳥千鶴子

CONTENTS

読者の皆さんへ…2
INTRODUCTION　文法ルールを音読で覚えてしまおう！…6
本書の利用法…10
音声・ダウンロードについて…13

DAY 1　英語はたった5つの文型でできている！…14
ルール1　超シンプル！「だれが　どうする」の **第1文型**
ルール2　とにかく説明！「だれが　どうだ」の **第2文型**
ルール3　言えることが広がる！「だれが　何を　どうする」の **第3文型**
ルール4　代表選手はgive！「Aが　Bに　Cを　Dする」の **第4文型**
ルール5　これは特殊な形！ 代表選手はmakeの **第5文型**
◆文分析エクササイズ／音読エクササイズ

DAY 2　現在過去未来…時制は動詞で自由自在！…24
ルール6　今の状態や習慣を表す「〇〇である」「××する」**現在形**
ルール7　昔の話じゃよ…「〇〇だった」「××した」の **過去形**
ルール8　意思か？予定か？ 今後について話そう **未来形**
ルール9　今の「なう」と昔の「なう」を表す「××しているところ」**進行形**
ルール10　使い方いろいろで超便利！ 会話が広がる **完了形**
☆否定文・疑問文のつくり方のルール／不規則動詞の活用
◆英作文エクササイズ／音読エクササイズ

【DAY1&DAY2】復習エクササイズ…36

DAY 3　知りたいことに届く！ 便利な5W1H疑問詞…40
ルール11　「〇〇はどうよ？」が基本の **how**
ルール12　「何＝ブツの特定」「どれ＝複数から選ばせる」**what・which**
ルール13　現在過去未来すべての「いつ」をたずねられる **when**
ルール14　「だれ」＝「人」を特定するための **who (whose・whom)**
ルール15　定番表現もたくさん！「場所」を特定する **where**
◆英作文エクササイズ／音読エクササイズ

DAY 4 心遣いやニュアンスを会話にプラス！ 助動詞 …………… 50
ルール 16 「できる！」から「いいですか？」まで用途いろいろ can
ルール 17 「かもしれない」から「よろしい」まで使える！ may
ルール 18 未来だけじゃない！ 頼んだり申し出たりできる will・would
ルール 19 同じ「命令」系だがニュアンス違い！ must・have to
ルール 20 思いやりなのか…脅しなのか……?? should・had better
◆英作文エクササイズ／音読エクササイズ

【DAY3&DAY4】 復習エクササイズ …………………………………………… 60

DAY 5 日常だけでなくビジネスでも意外と使う！ 仮定法 …… 64
ルール 21 本気度は80%以上！ けっこうやる気！ 仮定法現在
ルール 22 本気度はやや低め50%の「もし○○だったら」仮定法過去
ルール 23 「あのとき××だったら…」後悔の念も表せる 仮定法過去完了
ルール 24 「あなたがここにいれば…」嗚呼、かなわぬ願望 I wish
ルール 25 「○○でないなら××だ！」と否定の条件を表す unless
◆英作文エクササイズ／音読エクササイズ

DAY 6 日本語でピンとこなくとも英語ではよく使う！ 受動態 …… 76
ルール 26 まずはここから！「される」の形 受動態の基本
ルール 27 by の後ろが不特定多数の場合は 省略が可能！
ルール 28 会話で頻出！ 超便利で丸覚え推奨！ 受動態の慣用句
ルール 29 前置詞・副詞のうっかり忘れに注意！ 受動態の動詞句
◆英作文エクササイズ／音読エクササイズ

【DAY5&DAY6】 復習エクササイズ …………………………………………… 84

DAY 7 動詞が形を変えて働く働く！ 不定詞・動名詞・分詞 … 90
ルール 30 名詞のような役割！「～すること」不定詞の名詞的用法
ルール 31 形容詞のような役割！「～するための」不定詞の形容詞的用法
ルール 32 副詞のような役割！「～するために」不定詞の副詞的用法
ルール 33 こちらも名詞の役割をする！「～すること」動名詞
ルール 34 形容詞・副詞の役割をする -ing の形 現在分詞
ルール 35 形容詞・副詞の役割をする -ed の形 過去分詞
◆英作文エクササイズ／音読エクササイズ

DAY 8 今度は形容詞が変身する！ 比較（形容詞） ………… 100
ルール 36 基本的な変身法＝ -er、-est をつけて **比較級・最上級を作る**
ルール 37 前に「アレ」をつけるだけ！ **長い形容詞の比較・最上級**
ルール 38 「同程度」でも比較表現なのです！ **同じくらい…**
ルール 39 比較の王道表現「AはBより××だ」**2つを比べる**
ルール 40 さらに発展！「●●の中でいちばん××」**3つ以上を比べる**
◆英作文エクササイズ／音読エクササイズ

【DAY7&DAY8】復習エクササイズ ………… 110

DAY 9 さらに豊かな表現を実現！ 関係詞 ………… 116
ルール 41 まずはその基本的な役割を知ろう！ **関係代名詞の基本**
ルール 42 主語の役割をする関係代名詞デス！ **主格の who と which**
ルール 43 所有格の代名詞の役目をするのがズバリ！ **所有格の whose**
ルール 44 話し言葉で使う時は超省略される！ **目的格の who(m) と which**
ルール 45 who や which の代わりになる！ **使える関係代名詞 that**
◆英作文エクササイズ／音読エクササイズ

DAY 10 いわゆるひとつの英語の「てにをは」！ 前置詞・接続詞 … 126
ルール 46 「９時に」「月曜に」など時間・曜日を表す **at, on, in**
ルール 47 「の中」「のところ」など場所を表す **in, at, on**
ルール 48 「学校へ」「中へ」など方向性を表す **to, into**
ルール 49 「電車で」「メールで」など手段や動作主を表す **by**
ルール 50 ここでも丸覚え推奨フレーズ！ **名詞・形容詞＋前置詞**
ルール 51 but だけではない！「～だが」をマスター！ **接続詞**
◆英作文エクササイズ／音読エクササイズ

【DAY9&DAY10】復習エクササイズ ………… 136

★巻末付録：英文法ルール ＆ フレーズカード ………… 144
英文法公式の下に、それを使った例文があります（表に「日本語」、裏に「英語」が書かれています）。日本語を見て、英語にするトレーニングをしてみましょう。
フレーズカードはコピーしてお使いになることもできます。

INTRODUCTION

文法ルールを音読で覚えてしまおう！

音読で英語がスラスラ出るように

英文法は４技能の基礎として大切ですが、実際に英語を話す際などに、細かい文法にこだわりすぎる必要はありません。ですが、これはイコール「文法を勉強する必要がない」ということではありません。「この副詞句は、こちらの動詞を修飾して…」とか、「これが前置詞だから、目的部分には不定詞をとらず…」のように**難しく意識しすぎる必要はないよ**、ということなのです。

つまり私たちが日本語を話す場合も、難しい理屈で文の構造を考えないのと同じで、英語の場合も、正しいルールに基づいた文（章）がスラスラ出てくれば良いのです。

そのためには、**難しく考えるのではなく、一定の文法事項が盛り込まれた代表的な文を、何度も聞いたり、音読したり、書いたりして覚えるのが一番効果的なのです。**

極端な話、「動詞」「副詞」「仮定法過去」などという言葉は覚えなくてもかまわないのです。

大切な約束事＝**英文法のルールだけを覚えて**、「なるほど、こう言えばいいんだな！」と**納得**して、**使える**ようになることが大切なのです。

51のルールで文法の基礎をマスター

本書では、これから英語をやり直す皆さんにとって、これだけは最低限覚えておいていただきたい項目＋さらに実際の会話でもよく使うという観点から選んだ10の文法項目を取り上げ、超基本の項目から少しずつレベルアップできるように並べました。

そして、1日１項目を勉強していけば、10日間で重要なポイントが総復習できるようになっています。

音読用センテンスやエクササイズは、ネイティヴスピーカーによって音声が吹き込まれています（詳しい内容は P13 へ）。音声を聞きながら一緒に読めば、**発音**の練習もできます。同時に**リスニング**も鍛えてくれますので、ぜひ実行してください。

こうして**耳から英語をインプットして、自分の口を使って発音し、正しい英文を覚えると、使える英語が皆さんの中にどんどん蓄えられます。この蓄えられた英語が多くなればなるほど、英語を使うのが楽になっていくのです！**

さあ、ミスを恐れず、どんどん練習して、正しい英文をたくさんインプットしてください。練習は、必ず近いうちに大きな成果となって現れます。本書を使って、大いに練習し、文法の基礎事項を思い出し、使える英語へステップアップしましょう。

～ 各DAYの学習法はこんな感じ！～

STEP 1

ルールを覚えよう

そのDAYの文法ルールと解説を読んで理解しよう！

STEP2

ルールを定着させよう

解説の下に収録されている英語例文を音読し、ルールを定着させよう！

STEP3

音読でさらに刷り込もう

英作文エクササイズで知識を確認＆長めの例文を５回以上音読し、アタマに刷り込むまで続けよう！

How to use this book

本書の利用法

本書はビギナー学習者が超重要な英文法の基礎を身につけることができる1冊です。生徒の Piyo（ヒヨコ）が Chiz 先生に教えてもらうスタイルで学習が進みます。生徒になった気持ちで、気楽に、英文法の基礎を身につけましょう。

まずは英語の文法ルールを理解&例文音読しよう!!

数字はトラック番号を表します。ルール解説（日本語）と音読用例文（英語）が収録されています。

各DAYではまず、英文法の重要なルールについて、読んで理解します。文法ルールは各DAYにつき、4つ～6つを身につけます。

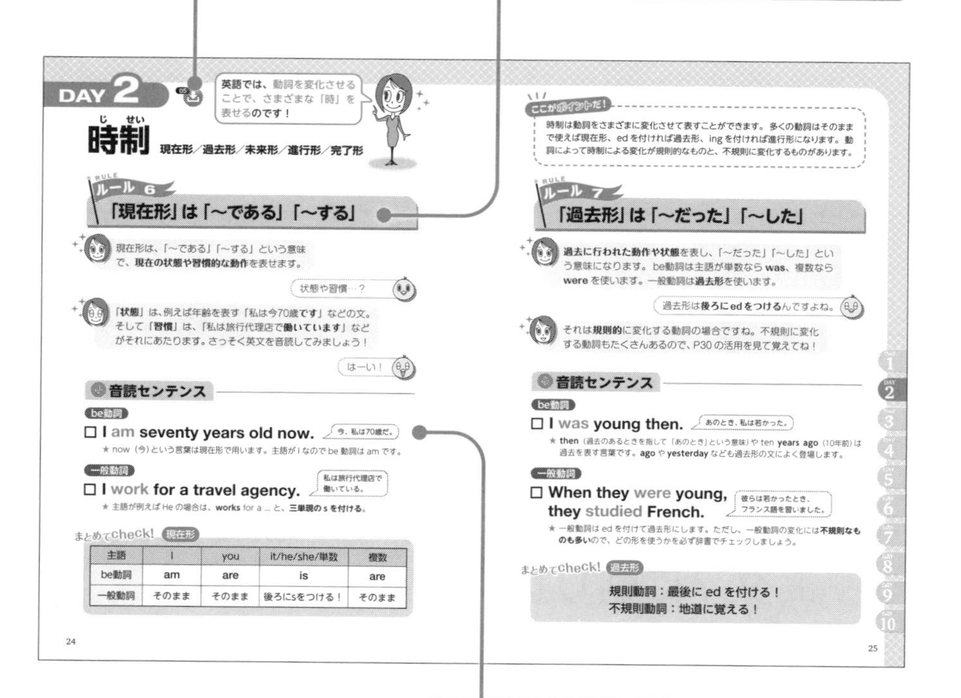

DAY 2

05

英語では、動詞を変化させることで、さまざまな「時」を表せるのです！

時制（じせい） 現在形／過去形／未来形／進行形／完了形

RULE ルール 6

「現在形」は「～である」「～する」

現在形は、「～である」「～する」という意味で、**現在の状態や習慣的な動作**を表せます。

状態や習慣…？

「**状態**」は、例えば年齢を表す「私は今70歳**です**」などの文。そして「**習慣**」は、「私は旅行代理店で**働いています**」などがそれにあたります。さっそく英文を音読してみましょう！

はーい！

音読センテンス

be動詞

☐ **I am seventy years old now.** 今、私は70歳だ。

★ now（今）という言葉は現在形で用います。主語が I なので be 動詞は am です。

一般動詞

☐ **I work for a travel agency.** 私は旅行代理店で働いている。

★ 主語が例えば He の場合は、**works** for a ... と、**三単現の s を付ける。**

まとめてcheck! 現在形

主語	I	you	it/he/she/単数	複数
be動詞	am	are	is	are
一般動詞	そのまま	そのまま	後ろにsをつける！	そのまま

24

ここがポイントだ！

時制は動詞をさまざまに変化させて表すことができます。多くの動詞はそのままで使えば現在形、ed を付ければ過去形、ing を付ければ進行形になります。動詞によって時制による変化が規則的なものと、不規則に変化するものがあります。

RULE ルール 7

「過去形」は「～だった」「～した」

過去に行われた動作や状態を表し、「～だった」「～した」という意味になります。be動詞は主語が単数なら **was**、複数なら **were** を使います。一般動詞は**過去形**を使います。

過去形は**後ろにedをつける**んですよね。

それは**規則的**に変化する動詞の場合ですね。不規則に変化する動詞もたくさんあるので、P30 の活用を見て覚えてね！

音読センテンス

be動詞

☐ **I was young then.** あのとき、私は若かった。

★ **then**（過去のあるときを指して「あのとき」という意味）や ten **years ago**（10年前）は過去を表す言葉です。**ago** や **yesterday** なども過去形の文によく登場します。

一般動詞

☐ **When they were young, they studied French.** 彼らは若かったとき、フランス語を習いました。

★ 一般動詞は ed を付けて過去形にします。ただし、一般動詞の変化には**不規則なものも多い**ので、どの形を使うかを必ず辞書でチェックしましょう。

まとめてcheck! 過去形

規則動詞：最後に ed を付ける！
不規則動詞：地道に覚える！

DAY 1 2 3 4 5 6 7 8 9 10

25

英文法ルールを理解したらすぐに、そのルールを使った正しい英語例文を音読します。これで英文法ルールが実際の英文で定着します。

英作文エクササイズにチャレンジ！ 文法知識が身についたか確認しよう！

そのDAYで学んだ英文法ルールが身についたかどうかが確認できる、英作文のエクササイズ。（DAY1のみ、英作文ではなく文型を分析するエクササイズになっています）。

日本語と、正解の英語音声が収録されています。

時制ルールを定着！

英作文エクササイズ

日本語の意味に合うように、(　　)内の語句を使って英文を作ってみましょう。動詞は変化させる必要があるものもあります。

❶ (speak / three languages)　☞ルール6
ケンタは３カ国語話す。

❷ (buy / books / after work)　☞ルール7
私は昨日、仕事の後で本を数冊買った。

❸ (last year / read)　☞ルール7
彼女は去年、200冊の本を読んだ。

❹ (be going to / read / more than)　☞ルール8
彼女は今年、300冊以上の本を読む予定だ。

❺ I'm very tired. (will / take)　☞ルール8
とても疲れた。タクシーに乗ろう。

32

音声を使って、耳と口を使った英作文練習もやってみてネ！

06

正解・解説

❶ Kenta speaks three languages.

speak（話す）の過去·過去分詞形は spoke·spoken。現在形の場合は、ケンタ（三人称単数）なので speaks と s をつけることを忘れないようにしましょう。

❷ I bought several books after work yesterday.

buy（買う）の過去・過去分詞形は bought。bring（持ってくる）> brought、catch（つかまえる）> caught、teach（教える）> taught、think（考える）> thought なども似ているので、まとめて覚えましょう。several の代わりに some でもかまいません。

❸ She read 200 books last year.

read は cut や put などと同じで、過去・過去分詞も形が変わらないパターンです。ただし、発音は現在形の場合 [ri:d] 過去・過去分詞形は [réd] になりますので要注意です。

❹ She is going to read more than 300 books this year.

is going to は、仕事・計画などで読むことが決まっている感じを表します。

❺ I'm very tired. I will take a taxi.

その場で思いついたことは will を使います。

1 DAY 2 3 4 5 6 7 8 9 10

33

エクササイズの正解と解説です。特に間違えた設問は、しっかり読んで確認しましょう。それでもわからなかったら最初の文法ルールのところに戻って復習しましょう。

音読エクササイズにチャレンジ！更に刷り込んで文法ルールを定着！

少し長めの英語例文の音読にチャレンジ！どの例文も具体的なシチュエーションを設定。イメージを膨らませつつ、会話文や複数のセンテンスを楽しみながら音読できます。

数字はトラック番号を表します。音読用の英文音声が収録されています。

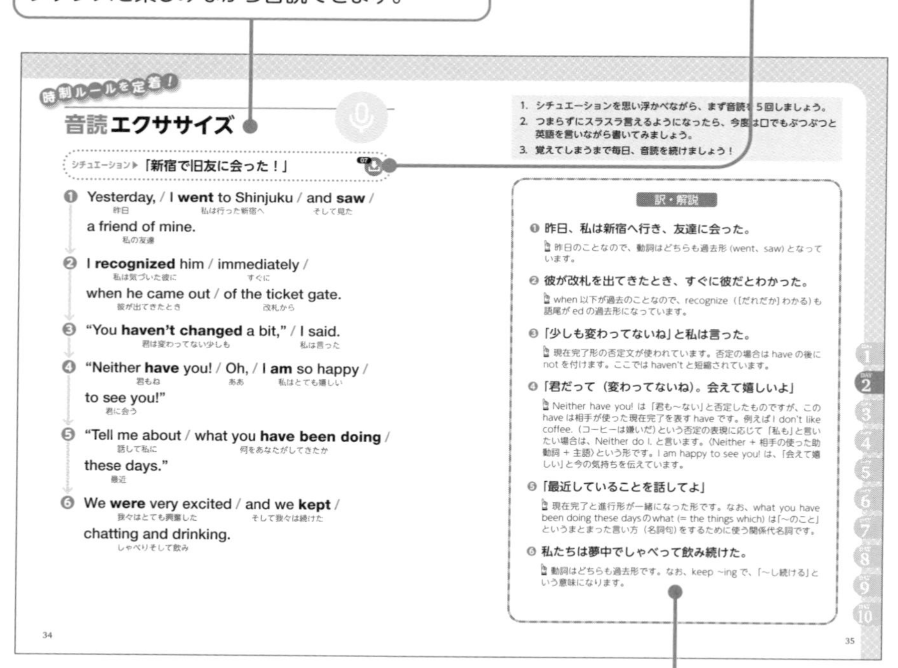

時制ルールを定着！

音読エクササイズ

シチュエーション▶「新宿で旧友に会った！」 07

❶ Yesterday, / I **went** to Shinjuku / and **saw** / a friend of mine.
昨日 / 私は行った新宿へ / そして見た / 私の友達

❷ I **recognized** him / immediately / when he came out / of the ticket gate.
私は気づいた彼に / すぐに / 彼が出てきたとき / 改札から

❸ "You **haven't changed** a bit," / I said.
君は変わってない少しも / 私は言った

❹ "Neither **have** you! / Oh, / I **am** so happy / to see you!"
君もね / ああ / 私はとても嬉しい / 君に会う

❺ "Tell me about / what you **have been doing** / these days."
話して私に / 何をあなたがしてきたか / 最近

❻ We **were** very excited / and we **kept** / chatting and drinking.
我々はとても興奮した / そして我々は続けた / しゃべりそして飲み

1. シチュエーションを思い浮かべながら、まず音読を5回しましょう。
2. つまらずにスラスラ言えるようになったら、今度は口でもぶつぶつと英語を言いながら書いてみましょう。
3. 覚えてしまうまで毎日、音読を続けましょう！

訳・解説

❶ 昨日、私は新宿へ行き、友達に会った。

昨日のことなので、動詞はどちらも過去形 (went、saw) となっています。

❷ 彼が改札を出てきたとき、すぐに彼だとわかった。

when 以下が過去のことなので、recognize（[だれだか] わかる）も語尾が ed の過去形になっています。

❸「少しも変わってないね」と私は言った。

現在完了形の否定文が使われています。否定の場合は have の後に not を付けます。ここでは haven't と短縮されています。

❹「君だって（変わってないね）。会えて嬉しいよ」

Neither have you! は「君も～ない」と否定したものですが、この have は相手が使った現在完了を表す have です。例えば I don't like coffee.（コーヒーは嫌いだ）という否定の表現に応じて「私も」と言いたい場合は、Neither do I. と言います。〈Neither + 相手の使った助動詞 + 主語〉という形です。I am happy to see you! は、「会えて嬉しい」と今の気持ちを伝えています。

❺「最近していることを話してよ」

現在完了と進行形が一緒になった形です。なお、what you have been doing these daysのwhat (= the things which) は「～のこと」というまとまった言い方（名詞句）をするために使う関係代名詞です。

❻ 私たちは夢中でしゃべって飲み続けた。

動詞はどちらも過去形です。なお、keep ~ing で、「～し続ける」という意味になります。

34 35

2DAYごとに復習エクササイズを収録しました!! 実戦力がより強化されちゃいます!

エクササイズの英語例文の和訳と解説です。読んで確認し、少しでもわからないところがあったら、文法ルールのページに戻ってしっかり復習しましょう。

音声・ダウンロードについて

音声の内容

DAY1 ～ DAY10

◇ DAYのポイント（日本語）
◇ 音読センテンス（英語）
◇ 英作文エクササイズ（日本語と正解英文）
◇ 音読エクササイズ（英語）

復習エクササイズ　（英作文は日本語⇒英語・音読は英語のみ）

英文法おさらいカード　日本語⇒英語

● 無料音声ダウンロードの方法は以下のとおりです。

STEP 1 インターネットで
https://audiobook.jp/exchange/jresearchへアクセス！

★上記のURLを入力いただくか、Jリサーチ出版のサイト（https://www.jresearch.co.jp）内の「音声ダウンロード」バナーをクリックしてください。

STEP 2 表示されたページから、audiobook.jpの会員登録ページへ。

★音声のダウンロードには、オーディオブック配信サービス audiobook.jp への会員登録（無料）が必要です。すでに会員登録を済ませている方はSTEP3へ進んでください。

STEP 3 登録後、再度 STEP1 のページにアクセスし、
シリアルコード「25007」を入力後、「送信」をクリック！

★作品がライブラリ内に追加されたと案内が出ます。

STEP 4 必要な音声ファイルをダウンロード！

★スマートフォンの場合、アプリ「audiobook.jp」の案内が出ますので、アプリからご利用下さい。PCの場合は「ライブラリ」から音声ファイルをダウンロードしてご利用ください。

【ご注意】

- PCからでも、iPhone や Android のスマートフォンやタブレットからでも音声を再生いただけます。
- 音声は何度でもダウンロード・再生いただくことができます。
- ダウンロードについてのお問い合わせ先：**info@febe.jp**（受付時間：平日10～20時）

※本サービスは予告なく変更・終了する場合があります。

DAY 1

5つの文型（ぶんけい）

だれがどうする第1文型／だれがどうだ第2文型／広がる！第3文型／Oが2つの第4文型／特殊な第5文型

超シンプル！「だれが どうする」の第1文型

主語と自動詞でつくられるのが「第１文型」です。自動詞はそれだけで動作が完結する動詞で、ask（たずねる）や cook（料理する）、run（走る）や sing（歌う）などがあります。**「だれが、どうする」「何が、どうだ」**という動作や状態を表す文になります。

具体的にはどんな文なのでしょう？

例えば「**私は**居酒屋で**働いています**」は **I work** at an *izakaya*. ですが、I work で「私は仕事をする」という第１文型を作ります。at an *izakaya* は「居酒屋で」という場所を表し、自動詞を修飾しています。

音読センテンス

□ A lot of people <u>go</u> to the island.

大勢の人がその島へ行きます。

S	V	（場所）
大勢の人が	行く	その島へ

★ 点線部は「どこへ」という**詳しい情報を付け足す修飾部**で、なくても「大勢の人が行く」という文ができるので、文型の構成要素にはなりません。修飾部分（この文では to the island）は最初わかりにくいかもしれませんが、まずは SV を見つけましょう。

まとめてcheck! 第１文型

S（主語）＋**V**（自動詞）

↑自動詞は辞書に㊐や vi と出ているよ！

ここがポイントだ！

動詞には目的語をとるもの（他動詞）と、とらないもの（自動詞）があります。目的語とは「～を」「～に」に当たるコトバです。**自動詞が使われるものが、第1文型と第2文型、他動詞が使われるものが第3・第4・第5文型なのです。**

RULE
ルール 2

とにかく説明！「だれが どうだ」の第2文型

主語と自動詞に、補語（C）が付いたのが「第２文型」です。

補語…補語って何でしょうか？

補語とは、主語の内容や状態を説明する言葉で、「だれ［何］はどうだ」という文になります。「主語＝補語」という関係が成り立ちます。

音読センテンス

□ That island is very beautiful.

S　V　C

あの島は　である　とてもきれい

あの島は、とてもきれいです。

★ この文型では〈S+V〉だけだとその島が何なのか、言いたいことが伝わらないので、島が「どうだ＝島の状態」を表現する補語（C）――ここではbeautiful（きれいだ）――が必要となります。この**第２文型では、be動詞やbecome, get, look, feelなどがVとしてよく使われます。**

まとめてcheck!　第２文型

S＋V（自動詞）＋C（補語）　←S＝Cの関係が成り立つ！

文の4つの要素とは？

S（Subject）：　主語（しゅご）⇒「～は」「～が」に当たる言葉です。
V（Verb）：　動詞（どうし）⇒ 主語の動きを表す言葉です。
O（Object）：　目的語（もくてきご）⇒「～を」「～に」に当たる言葉です。
C（Complement）：　補語（ほご）⇒ 主語や目的語を「補足して説明する」言葉です。
※これら4つの要素以外は、「付属品」と考えましょう。

RULE ルール 3

言えることが広がる！ 第3文型

主語と他動詞に目的語（O）が付いたのが「第3文型」です。**他動詞はそれだけでは完結しないで、目的語を必要とする動詞**で、begin（～を始める）や buy（～を買う）、drink（～を飲む）や need（～を必要とする）などがあります。

ふーむ……むむむ…むむ…？

たとえば「楽しむ」という他動詞について考えたとき、「私は～を楽しむ」なら「楽しむ」が「～を」の部分に及びます。**目的語は、この「～を」の部分にくる言葉です。**

音読センテンス

□ **I enjoy fishing every Sunday.**

S 私は　V 楽しむ　O 釣りを　いつ 毎週日曜日に

私は釣りを毎週日曜日に楽しみます。

★ O は enjoy（楽しむ）の内容で、the party のように**名詞**や、**動詞であれば ing をつけて動名詞**（→くわしくは DAY7 で学びます）**にして続けます。**

まとめてcheck! 第3文型

S ＋ V（他動詞）**＋ O**（目的語）

↑他動詞は辞書に㊀や vt と出ているよ！

RULE
ルール 4

代表選手はgive！第4文型

じつは、**他動詞には目的語を2つとるものがあります。**

ええー！ 2つも!?

そうなの。**give**（～に～を与える）が代表的な動詞です。そして**2つの目的語は必ず違った内容のものがきます。**たとえば「私たちは(S)・あげる(V)・あなたに(O_1)・航空券を(O_2)」のように。

なるほど！ よーし、さっそく英文音読をやってみよう！

音読センテンス

□ **We will give you a flight ticket.**

We	will give	you	a flight ticket.
S	V	O_1	O_2
私たちは	あげよう	あなたに	航空券を

私たちは、あなたに航空券をあげましょう。

★ この例文では you ≠ a flight ticket で、違ったものです。**それぞれが give の目的語になっています。**

まとめてcheck! 第4文型

S + V（他動詞）+ O_1 + O_2

DAY 1 DAY 2 DAY 3 DAY 4 DAY 5 DAY 6 DAY 7 DAY 8 DAY 9 DAY 10

第5文型は他動詞＋目的語＋補語…ちょっと特殊！

他動詞の中には目的語と補語の２つをとる特殊なものがあります。

ひえー！　まだあるんですか?!

こうした動詞が使われるのが第５文型です。**make**（～を～にする）が代表的な例です。ほかには、call（～を～と呼ぶ）や name（～を～と名付ける）、keep（～を～にしておく）や help（～が～するのを助ける）などがありますね。**補語(C)は O の内容・性質などを表すので、O ＝ C となります。**

音読センテンス

□ **The news made her very happy.**

The news	made	her	very happy.
S	V	O	C
その知らせは	した	彼女を	とても幸福に

その知らせは彼女をとても幸福にした。

★「彼女」＝「とても幸福」。**O ＝ C になっていますね。**

まとめてcheck! 第５文型

S ＋ V（他動詞）**＋ O ＋ C**

↑ **O ＝ C の関係になります！**

5つの文型　まとめ！

英語の基本の基本=その“骨組み”ともいうべき5文型をおさらいしましょう!

◆**第1文型**…………
自動詞だけで完結

S ＋ V

(主語)	(自動詞)
だれが	どうする
何が	どうだ

◆**第2文型**…………
自動詞+説明

S ＋ V ＋ C

(主語)	(自動詞)	(補語)
だれが	どうだ	
何は	どうだ	

Vはbe動詞やbecomeなどが代表的！

S＝Cという関係が成立する！

◆**第3文型**…………
目的語は1つ!

S ＋ V ＋ O

(主語)	(他動詞)	(目的語)
だれは	～を	～する
何は	～を	～する

◆**第4文型**…………
代表選手はgive！

S ＋ V ＋ O_1 ＋ O_2

(主語)	(他動詞)	(目的語1)	(目的語2)
だれは	O_1に	O_2を	～する
何は	O_1に	O_2を	～する

動詞はgiveが代表選手！

2つのOは全く違った内容になる！

◆**第5文型**…………
makeが代表の特殊な形！

S ＋ V ＋ O ＋ C

(主語)	(他動詞)	(目的語)	(補語)
だれは	Oを	Cに	～する
何は	Oを	Cに	～する

Vはmakeが代表的！

O=Cの関係が成立！

文分析エクササイズ

次の❶～❺の英文は、どの文型でしょうか。どこがS・V・O・Cなのか、考えてみましょう。

❶ I will make you a cup of tea soon. ☞ルール4

❷ I will make my son an actor. ☞ルール5

❸ A friend of mine left for Africa yesterday.

☞ルール1

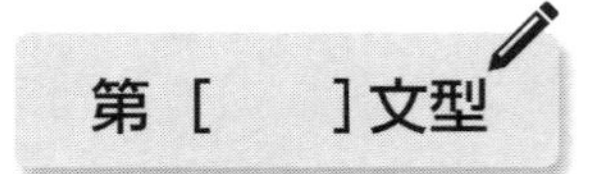

❹ My brother sings happy songs. ☞ルール3

❺ This is the shortest way to the station. ☞ルール2

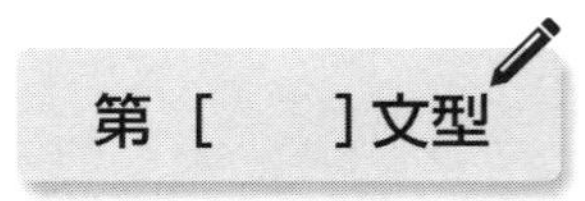

正解・解説

❶ I will make you a cup of tea soon. [第４文型]

S（私は） V（作る） O（あなたに） O（お茶を） （すぐに）

you と a cup of tea はまったく別のものなので、どちらも目的語です。

❷ I will make my son an actor. [第５文型]

S（私は） V（作る） O（息子を） C（俳優に）

息子を俳優に作る、つまり「息子を俳優にする」と言っています。my son = an actor ですので、O=C で第５文型です。

❸ A friend of mine left for Africa yesterday. [第１文型]

S（私の友達は） V（去った） （アフリカへ） （昨日）

ポイントは A friend of mine left だけ。残りは付属品です。なお、leave は「去る・出発する」以外に「残す・置いてくる」（この場合は第３文型）という意味が重要です。

❹ My brother sings happy songs. [第３文型]

S（私の兄は） V（歌う） （楽しい歌を）

日本語の「～を」にあたる部分が目的語（O）となります。

❺ This is the shortest way to the station. [第２文型]

S（これは） V（である） C（一番の近道） （駅への）

この文型の V には be 動詞（am, is, are, was, were）や feel（～と感じる）、get（～となる）、remain（～のままである）などがよく使われます。これらは数学の「イコール（=）」のイメージで覚えておきましょう。前後を「S = C」と結びつけます。

音読エクササイズ

シチュエーション▶「ヨーロッパ旅行」

❶ Today I would like to talk about my trip to Europe last year. [第1文型]

（今日） S V （私のヨーロッパ旅行について） （去年の）

❷ I visited Europe for sightseeing with my friends. [第3文型]

S V O （観光で） （友人たちと）

❸ None of us were able to speak any European languages. [第3文型]

S（私たちのだれも～ない） V O

❹ Some Japanese people were kind enough to help us shop and go through customs. [第2文型]

S V C （私たちが買い物をしたり通関したりするのを手伝うのに十分に）

❺ I found English quite useful everywhere. [第5文型]

S V O C （どこでも）

❻ We decided to study English again. [第3文型]

S V O（もう一度英語を勉強することを）

シチュエーションと文型を意識しながら、まずは5回音読しましょう（つぶやきながらノートなどに書き取ってみるのもいいですね！）。覚えてしまうまで毎日、音読を続けましょう！

訳・解説

❶ 今日は去年の私のヨーロッパ旅行について話したいと思います。

☞ would like to = want to（〜したい）

❷ 私は観光で友人たちとヨーロッパへ行きました。

❸ 私たちはだれもヨーロッパの言葉を話せませんでした。

❹ 何人かの日本人は親切にも、買い物や通関で私たちを助けてくれました。

❺ 英語はどこでもとても役に立つことがわかりました。

❻ 私たちは英語をもう一度勉強しようと決めました。

英語では、動詞を変化させることで、さまざまな「時」を表せるのです！

時制（じせい） 現在形／過去形／未来形／進行形／完了形

「現在形」は「～である」「～する」

現在形は、「～である」「～する」という意味で、**現在の状態や習慣的な動作**を表せます。

状態や習慣…？

「**状態**」は、例えば年齢を表す「私は今70歳**です**」などの文。そして「**習慣**」は、「私は旅行代理店で**働いています**」などがそれにあたります。さっそく英文を音読してみましょう！

はーい！

音読センテンス

be動詞

☐ **I am seventy years old now.** 今、私は70歳だ。

★ now（今）という言葉は現在形で用います。主語が I なので be 動詞は am です。

一般動詞

☐ **I work for a travel agency.** 私は旅行代理店で働いている。

★ 主語が例えば He の場合は、**works** for a ... と、**三単現の s を付ける**。

まとめてcheck! 現在形

主語	I	you	it/he/she/単数	複数
be動詞	am	are	is	are
一般動詞	そのまま	そのまま	後ろにsをつける！	そのまま

ここがポイントだ！

時制は動詞をさまざまに変化させて表すことができます。多くの動詞はそのままで使えば現在形、edを付ければ過去形、ingを付ければ進行形になります。動詞によって時制による変化が規則的なものと、不規則に変化するものがあります。

RULE
ルール 7

「過去形」は「～だった」「～した」

過去に行われた動作や状態を表し、「～だった」「～した」という意味になります。be動詞は主語が単数なら **was**、複数なら **were** を使います。一般動詞は**過去形**を使います。

過去形は**後ろにedをつける**んですよね。

それは**規則的**に変化する動詞の場合ですね。不規則に変化する動詞もたくさんあるので、P30の活用を見て覚えてね！

音読センテンス

be動詞

□ **I was young then.**

あのとき、私は若かった。

★ **then**（過去のあるときを指して「あのとき」という意味）や ten **years ago**（10年前）は過去を表す言葉です。**ago** や **yesterday** なども過去形の文によく登場します。

一般動詞

□ **When they were young, they studied French.**

彼らは若かったとき、
フランス語を習いました。

★ 一般動詞はedを付けて過去形にします。ただし、一般動詞の変化には**不規則なものも多い**ので、どの形を使うかを必ず辞書でチェックしましょう。

まとめてcheck! 過去形

規則動詞：最後にedを付ける！
不規則動詞：地道に覚える！

RULE ルール 8

意思 or 予定の未来形は「～するだろう」

これから先に起こることを表し、「**～するだろう**」という意味です。未来形の作り方には、２つあります。

に… ２種類？

動詞の前に will または be going to を置くのです。 be going to は、**すでに決まっている予定**について言う場合に使われます。例えば「ミルクがない」ことに対して「じゃあ買ってくるよ」とその場で思いついた場合、OK, **I'll** get some. と言えますが、ミルクがないことを知っていて、買いに行く予定をしていたのなら、I know. **I'm going to** get some. と言えます。

音読センテンス

will

□ **I will study Chinese soon.**

私はすぐに中国語を習います。

★ will には未来のことと同時に「習うぞ！」という自分の「意思」も表します。

be going to

□ **I am going to study Chinese soon.**

私はすぐに中国語を習う予定です。

★ すでに決まっている予定には be going to を使いましょう。

まとめてcheck! 未来形

進行形 ＝ will / be going to ＋ 動詞の原形

RULE ルール 9

「なう」を表す進行形は「〜しているところ」

「今〜しているところ」という、**進行中のことを表す**のが「進行形」という形です。

どうやって表すのですか？

be動詞の後ろに〈動詞の ing 形〉を付けます。be動詞は主語に合わせて変化します。また、「**過去のある時点で〜しているところだった**」は「**過去進行形**」と言って、be動詞を過去形にします。

be動詞を替えるのですね！
さっそく音読してみようっと！

音読センテンス

現在進行形

☐ **She is reading the book.**

彼女はその本を読んでいる。

★〈be + 動詞 ing〉で、**現在していること、ある一定の期間していること**を表現できます。現在形の She reads a book. だと、「彼女は読書をする」、つまり読書が習慣であることを表します。

過去進行形

☐ **I was walking my dog when I met Mat.**

マットに会った時、私は犬の散歩中だった。

★ be動詞を過去形にすることで、「〜しているところだった」という意味合いになり、**過去のある時間（期間）にしていたこと**を表現できます。

まとめてcheck! 進行形

進行形 = be + 動詞 ing

DAY 1 DAY 2 DAY 3 DAY 4 DAY 5 DAY 6 DAY 7 DAY 8 DAY 9 DAY 10

完了形は使い方いろいろで超便利！

「完了形」には**現在完了**と**過去完了**があります。

どんなことを表すのですか？

「現在完了」は、現在から見て「**ずっと～している**」（継続）、「**～したことがある**」（経験）、「**～してしまっている**」（完了）を表します。「過去完了」は過去のある時点から見て、「**ずっと～していた**」（継続）、「**～したことがあった**」（経験）、「**～してしまっていた**」（完了）を表します。

音読センテンス

継続

☐ **He has studied Italian for ten years.**

彼はイタリア語を10年間習っている。

★「ずっと習っている」という「継続」を表しています。

経験

☐ **I have been to England.**

私はイングランドに行ったことがあります。

★「～に行ったことがある」という「経験」を述べる表現です。He has gone to England. と言うと「彼はイングランドに行ってしまった」という意味になるので、違いに注意しましょう。

完了

☐ **The bus has already left.**

バスはすでに出てしまった。

★「～してしまった」という「完了」を表しています。

まとめてcheck! 完了形

現在完了：〈has/have+ 動詞の過去分詞〉
過去完了：〈had+ 動詞の過去分詞〉

否定文のつくり方のルール

be動詞 ⇒ 現在形も過去形も、後ろに not を付ける

一般動詞 ⇒ 現在形：does not (= doesn't)* / do not (= don't) を動詞の前に置く　* 動詞を原形に戻す=三単現の s を削除

過去形：did not (= didn't) を動詞の前に置き、動詞を原形に戻す

現在完了 ⇒ has / have に not を付ける (= hasn't / haven't)

過去完了 ⇒ had に not を付ける (= hadn't)

疑問文のつくり方のルール

be動詞 ⇒ 現在形も過去形も、be動詞を主語の前に出す

一般動詞 ⇒ 現在形：does* / do を主語の前に置く
* 動詞を原形に戻す=三単現の s を削除

過去形：did を主語の前に置く

現在完了 ⇒ has / have を主語の前に出す

過去完了 ⇒ had を主語の前に出す

■ 不規則動詞の活用 ■

会話などでよく使う不規則動詞の活用例です。
活用のパターンには、A-A-A 型、A-B-A 型、A-B-B 型、A-B-C 型があります。

		[原形]	[過去形]	[過去分詞形]
A-A-A 型				
cost	費用がかかる	cost	cost	cost
cut	切る	cut	cut	cut
hit	打つ	hit	hit	hit
hurt	傷つける	hurt	hurt	hurt
let	～させる	let	let	let
put	置く	put	put	put
read	読む	read	read	read
set	置く	set	set	set
shut	閉じる	shut	shut	shut
spread	広げる	spread	spread	spread
A-B-A 型				
come	来る	come	came	come
become	なる	become	became	become
run	走る	run	ran	run
A-B-B 型				
bring	持ってくる	bring	brought	brought
build	建てる	build	built	built
burn	燃やす	burn	burnt	burnt
buy	買う	buy	bought	bought
catch	つかむ	catch	caught	caught
dig	掘る	dig	dug	dug
feed	食べ物を与える	feed	fed	fed
feel	感じる	feel	felt	felt
fight	戦う	fight	fought	fought
find	探して見つける	find	found	found
forget	忘れる	forget	forgot	forgot/forgotten
get	得る	get	got	got/gotten
hang	掛ける	hang	hung	hung
have	持つ	have	had	had
hear	聞こえる	hear	heard	heard
hold	手でつかむ	hold	held	held
keep	保つ	keep	kept	kept
lay	横たえる	lay	laid	laid
lead	導く	lead	led	led
leave	去る	leave	left	left
lend	貸す	lend	lent	lent
lose	なくす	lose	lost	lost
make	作る	make	made	made
mean	意味する	mean	meant	meant

pay	支払う	pay	paid	paid
say	言う	say	said	said
sell	売る	sell	sold	sold
send	送る	send	sent	sent
shoot	発射する	shoot	shot	shot
sit	座る	sit	sat	sat
sleep	眠っている	sleep	slept	slept
spend	金を使う	spend	spent	spent
stand	立つ	stand	stood	stood
tell	話す	tell	told	told
think	思う	think	thought	thought
understand	理解する	understand	understood	understood
win	勝つ	win	won	won

A-B-C 型				
be	～である	be	was/were	been
begin	始める	begin	began	begun
bite	噛む	bite	bit	bitten
blow	吹く	blow	blew	blown
choose	選ぶ	choose	chose	chosen
break	壊す	break	broke	broken
do	する	do	did	done
draw	描く	draw	drew	drawn
drink	飲む	drink	drank	drunk
drive	運転する	drive	drove	driven
eat	食べる	eat	ate	eaten
fall	落ちる	fall	fell	fallen
give	与える	give	gave	given
go	行く	go	went	gone
grow	育つ	grow	grew	grown
know	知っている	know	knew	known
ride	乗る	ride	rode	ridden
ring	ベルが鳴る	ring	rang	rung
rise	上がる	rise	rose	risen
see	見る	see	saw	seen
shake	振る	shake	shook	shaken
show	見せる	show	showed	shown
sing	歌う	sing	sang	sung
sink	沈む	sink	sank	sunk
speak	話す	speak	spoke	spoken
steal	盗む	steal	stole	stolen
swim	泳ぐ	swim	swam	swum
take	取る	take	took	taken
throw	投げる	throw	threw	thrown
wake	目が覚める	wake	woke	woken
wear	身につける	wear	wore	worn
write	書く	write	wrote	written

英作文エクササイズ

日本語の意味に合うように、(　　)内の語句を使って英文を作ってみましょう。動詞は変化させる必要があるものもあります。

❶ (speak / three languages)
ケンタは3カ国語話す。
☞ルール6

❷ (buy / books / after work)
私は昨日、仕事の後で本を数冊買った。
☞ルール7

❸ (last year / read)
彼女は去年、200冊の本を読んだ。
☞ルール7

❹ (be going to / read / more than)
彼女は今年、300冊以上の本を読む予定だ。
☞ルール8

❺ I'm very tired. (will / take)
とても疲れた。タクシーに乗ろう。
☞ルール8

音声を使って、耳と
口を使った英作文練
習もやってみてネ！

正解・解説

❶ Kenta speaks three languages.

speak（話す）の過去･過去分詞形は spoke･spoken。現在形の場合は、ケンタ（三人称単数）なので speaks と s をつけることを忘れないようにしましょう。

❷ I bought several books after work yesterday.

buy（買う）の過去・過去分詞形は bought。bring（持ってくる）> brought、catch（つかまえる）> caught、teach（教える）> taught、think（考える）> thought なども似ているので、まとめて覚えましょう。several の代わりに some でもかまいません。

❸ She read 200 books last year.

read は cut や put などと同じで、過去・過去分詞も形が変わらないパターンです。ただし、発音は現在形の場合 [ríːd] 過去・過去分詞形は [réd] になりますので要注意です。

❹ She is going to read more than 300 books this year.

is going to は、仕事・計画などで読むことが決まっている感じを表します。

❺ I'm very tired. I will take a taxi.

その場で思いついたことは will を使います。

音読エクササイズ

シチュエーション▶「新宿で旧友に会った！」

❶ Yesterday, / I **went** to Shinjuku / and **saw** /
昨日　私は行った新宿へ　そして見た

a friend of mine.
私の友達

❷ I **recognized** him / immediately /
私は気づいた彼に　すぐに

when he came out / of the ticket gate.
彼が出てきたとき　改札から

❸ "You **haven't changed** a bit," / I said.
君は変わってない少しも　私は言った

❹ "Neither **have** you! / Oh, / I **am** so happy /
君もね　ああ　私はとても嬉しい

to see you!"
君に会う

❺ "Tell me about / what you **have been doing** /
話して私に　何をあなたがしてきたか

these days."
最近

❻ We **were** very excited / and we **kept** /
我々はとても興奮した　そして我々は続けた

chatting and drinking.
しゃべりそして飲み

1. シチュエーションを思い浮かべながら、まず音読を5回しましょう。
2. つまらずにスラスラ言えるようになったら、今度は口でもぶつぶつと英語を言いながら書いてみましょう。
3. 覚えてしまうまで毎日、音読を続けましょう！

訳・解説

❶ 昨日、私は新宿へ行き、友達に会った。

昨日のことなので、動詞はどちらも過去形（went、saw）となっています。

❷ 彼が改札を出てきたとき、すぐに彼だとわかった。

when 以下が過去のことなので、recognize（[だれだか] わかる）も語尾が ed の過去形になっています。

❸「少しも変わってないね」と私は言った。

現在完了形の否定文が使われています。否定の場合は have の後に not を付けます。ここでは haven't と短縮されています。

❹「君だって（変わってないね）。会えて嬉しいよ」

Neither have you! は「君も～ない」と否定したものですが、この have は相手が使った現在完了を表す have です。例えば I don't like coffee.（コーヒーは嫌いだ）という否定の表現に応じて「私も」と言いたい場合は、Neither do I. と言います。〈Neither + 相手の使った助動詞 + 主語〉という形です。I am happy to see you! は、「会えて嬉しい」と今の気持ちを伝えています。

❺「最近していることを話してよ」

現在完了と進行形が一緒になった形です。なお、what you have been doing these days の what（= the things which）は「～のこと」というまとまった言い方（名詞句）をするために使う関係代名詞です。

❻ 私たちは夢中でしゃべって飲み続けた。

動詞はどちらも過去形です。なお、keep ~ing で、「～し続ける」という意味になります。

文分析エクササイズ

次の❶～❺の英文は、どの文型でしょうか。どこがS・V・O・C なのか、書きこんで考えてみましょう。 08

❶ I want a laptop for my birthday.

❷ Nao is very kind to elderly people.

❸ The sun rises in the east.

❹ Ross gave me an interesting book.

❺ He made her old boyfriend jealous.

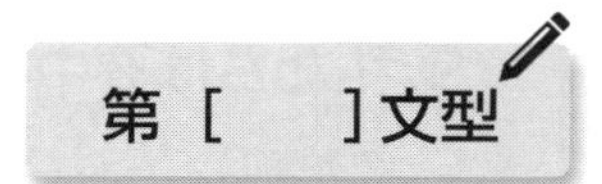

英作文エクササイズ

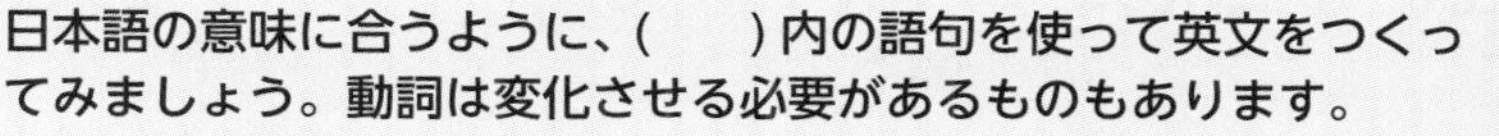
日本語の意味に合うように、(　　) 内の語句を使って英文をつくってみましょう。動詞は変化させる必要があるものもあります。

❶ (It's / rain / any more)
雨はもう降っていない。

❷ (It / snow / got up)
今朝、私が起きた時は雪が降っていた。

❸ (know / each other / children)
私たちは子供の頃からの知り合いだ。

❹ (my boss / finish / report / yet)
私の上司は、そのレポートをまだ終えていない。

❺ (will / finish / work / by)
私はその仕事を明日までにはし終えているつもりだ。

❻ (wait / you / since)
私はあなたを 5 時からずっと待っている。

復習エクササイズ！

文分析エクササイズの正解・解説

❶ I want a laptop for my birthday. [第3文型]

S (私は) V (欲しい) O (ノートパソコンを) (誕生日に)

目的語(O) を間違えずに見つけられましたか？ laptop はノートパソコンのことです。

❷ Nao is very kind to elderly people. [第2文型]

S (ナオは) V (である) C (とても親切で) (年配の人に)

「ナオ＝親切」なので第2文型です。

❸ The sun rises in the east. [第1文型]

S (太陽は) V (昇る) (東に)

「太陽は昇る」という SV だけの文で、in the east は場所を表しています。

❹ Ross gave me an interesting book. [第4文型]

S (ロスは) V (くれた) O (私に) O (面白い本を)

me ≠ an interesting book なので、どちらも目的語になります。

❺ He made her old boyfriend jealous. [第5文型]

S (彼は) V (した) O (彼女の古い恋人を) C (嫉妬して)

her old boyfriend の感情が jealous なので、「彼女の古い恋人＝嫉妬している」と考えられ、「O=C」(C は O の内容を表している補語) となるわけです。

英作文エクササイズの正解・解説

❶ 雨はもう降っていない。

It's not raining any more.

「雨が降っている」は、It's raining. この It は天気や時刻を表す時に主語として使われます。

⇒ルール 9

❷ 今朝、私が起きた時は雪が降っていた。

It was snowing when I got up this morning.

過去のある時間に「〜しているところだった」と進行形を使う場合、この例文のように when を使い「〜だった（〜していた）時」など、時を限定する表現と一緒に使われることが多いです。

⇒ルール 9・7

❸ 私たちは子供の頃からの知り合いだ。

We have known each other since we were children.

「〜からずっと…」を表現するには、現在完了を使います。We have known each other までで、ずっと知り合いなのだとわかり、子供時代から（以来）は since を用いて、since we were children/kids と表現します。

⇒ルール 10

❹ 私の上司は、そのレポートをまだ終えていない。

My boss hasn't finished the report yet.

「まだ〜していない」という表現で、現在完了形の否定と yet（まだ）をセットで使います。

⇒ルール 10

❺ 私はその仕事を明日までにはし終えているつもりだ。

I will finish the work by tomorrow.

by April（4月までに）、by the end of this week（今週末までに）のように、「（いつ）までに」を表すのには by を用います。

⇒ルール 8

❻ 私はあなたを 5 時からずっと待っている。

I have been waiting for you since five o'clock.

「現在完了」と「進行形」がミックスされた文で、「ずっと〜している」という意味です。since は「〜から（起点）」、for は「〜の間（期間）」に使います。

⇒ルール 10

疑問詞（ぎもんし） how / what・which / when / who (whose・whom) / where

how は「どうか」「どのような（もの・状態）」が基本

疑問詞って、たくさん種類がありますよね？

そうですね。今日は大切な疑問詞を1つずつ見ていきましょう。最初は how です。

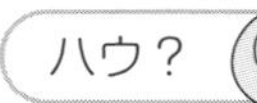

ハウ？

how は「**〜はどうか**」を聞くのに使います。単独で使うほかに、「**年齢**」⇒ how **old**、「**時間**」⇒ how **long**、「**距離**」⇒ how **far**、「**頻度**」⇒ how **often** など、後続の形容詞や副詞と**組み合わせ**てよく使います。

音読センテンス

□ **How are you?**

あなたはどうですか＝調子はどうですか。

★ **How young** are you?（どれくらい若いですか＝おいくつですか？　※最近は How old are you? ではなく、年齢を聞く場合、young を使う人もいます）などが代表的な How を使った疑問文です。**How do you like** Britain?（イギリスはお好きですか）という聞き方もあります。

□ **How far is it from here to your office?**

ここからあなたのオフィスまでどれくらいですか。

★ **How far** で、どれくらい遠いか距離を尋ねる表現です。答えとしては、**It's about 2 km.**（2キロくらいです）と**距離**を答えたり、**It's a ten-minute walk.**（歩いて10分くらいです）と**時間**で答えたりできます。

ここがポイントだ！

具体的に聞きたいことがある場合には「疑問詞」を使えば、さまざまなことをたずねられます。「場所」ならwhereを、「時刻」ならwhenを文頭に置けばOKです。8つの疑問詞を覚えるだけで、いろいろなことが聞けるようになります。

RULE
ルール12

what は「何」、which は「どれ」をたずねる

次は what と which について見てみましょう。**具体的なモノをたずねる**場合には **what**（何）を使います。

これは何？とかでしょうか。

そのとおり。一方、**いくつか候補がある中から選択する**場合には、**which**（どれ）を使います。どちらの疑問詞も what **time**（何時）や which **name**（どの名前）などのように、名詞と一緒に使うこともあります。

音読センテンス

□ **What do you want for your birthday?**

誕生日に何がほしいですか。

★ **What is your name?**（あなたの名前は何ですか）などが代表的なものです。**What を主語にして、What makes you think so?**（何があなたをそう思わせたのか　⇒なぜそう思うのですか）という聞き方もできます。

□ **Which do you want, this one or that one?**

どちらが欲しいですか、これ、それともあれ？

★ which は、「どちらが」の意味合いで二つのものを比べたり、**Which one** do you want? と聞けば、**多数ある中のどれが**欲しいかを尋ねる表現になります。

RULE
ルール 13

when は「いつ」をたずねる

when は「**いつ**」をたずねる場合に用います。

時についてたずねることができるんですね！

そう。「あなたの**誕生日はいつ**ですか」や「**いつ**日本語を**勉強し始めた**のですか」などが代表的なものです。応答は、**月日**や**時刻**など「**時間表現**」を使って答えるのが普通です。

音読センテンス

□ **When is your birthday?**

あなたの誕生日はいつですか。

★ It's March 24th.（3月24日です）などと応答します。

□ **When did you start learning Japanese?**

いつ日本語を勉強し始めたのですか。

★ About two years ago.（約2年前です）や、I've been learning Japanese for more than 10 years.（10年以上は日本語を勉強しています）などのように応答します。

RULE ルール 14

who (whose / whom) は「だれ」をたずねる

次は人について。**who** (whose / whom) は「**だれ**」をたずねる場合に用います。

彼はだれですか？とかですね！

その通り！　**whose は「だれの」、whom は「だれを」と聞く場合に用います。** ただ、例えば「だれと話したいのですか (Whom would you like to talk with?)」のような用法の whom は、**ほぼ who で代用されています。**

音読センテンス

☐ **Who is in charge of this department?**

この課の責任者はだれですか。

★ このような Who ～？で始まる疑問文は答え方に気をつけましょう。**Mrs. Red is.**（レッドさんです）などと答えを主語にして応答します。

☐ **Whose is this?**

これはだれのですか。

★ 何かを手に持ったり指で示したりしながら聞くことができる便利な表現です。答える場合は **It's mine.**（私のです）や、**I think it's Michael's.**（マイケルのだと思う）など。

DAY 1 DAY 2 DAY 3 DAY 4 DAY 5 DAY 6 DAY 7 DAY 8 DAY 9 DAY 10

RULE ルール 15

「場所」を特定するwhere

最後の疑問詞は**where**です。これは「**どこ**」つまり**場所**をたずねる場合に用います。

「ご出身はどちら？」とか自己紹介で聞くやつですね！

はい。定番表現ですね。あとは、「休みには**どこへ行きたいですか**」「滞在中**どこへ行きましたか**」などが代表的な使い方です。応答は具体的な場所を答えます。

音読センテンス

☐ **Where do you want to go for the holiday?**

この休みにはどこへ行きたいですか。

★ **I don't know where to go.**（どこへ行くべきか、わかりません）というように、whereを目的語の部分に使う用法もあります。他の疑問詞でも**what to say**（何を言うべきか＝発言内容）、**how to do**（どのようにすべきか＝方法）、**when to start**（いつ出発すべきか＝出発時間）などと言えます。

☐ **Where is the best place to meet you?**

あなたに会うのにどこが一番いいでしょうか。

★ 約束をして会う場所を決める場合などに使える表現です。**Where and When?**（いつどこで？）などの聞き方もできます。応答としては、**The coffee shop, near the station.**（駅の近くにあるあのカフェ）のように、ダイレクトに場所を答える以外に、**Anywhere.**（どこでもいいですよ）や、**How about the café near the station?**（駅近くのカフェはどう？）など。

疑問詞　まとめ！

色々なことを聞ける便利で大事な疑問詞を、ズバッとおさらいしましょう！

◆how …「どう」「どのような（もの・状態）」

代表選手は How are you?(あなた(の状態)はどう？＝調子はどうですか)

how ＋ 形容詞・副詞でいろんなことが聞ける！
how **old** ＝**年齢**　how **long** ＝**時間**
how **far** ＝**距離**　how **often** ＝**頻度**

I don't know **how** to do.（どのようにすべきかわからない）のように、how を目的語の部分に使う用法もある！

◆what、which …「何」、「どれ」

which は複数の選択肢から「どれ」「どっち」と聞ける

what/which ＋ 名詞で、**対象を限定**してたずねられる
例：what **time** ＝何時　which **name** ＝どの名前

I don't know **what** to say.（何を言うべきかわからない）のように、what を目的語の部分に使う用法もある！

◆when …「いつ」

誕生日や**予定**、**過去**についての確認など、いろいろな「時」についてたずねられる！

応答は、例えば It's **March 24th.**（3月24日です）や About **two years ago**.（約2年前です）のように、**月日**や**時刻**など「**時間表現**」を使うのが普通！

I don't know **when** to start.（いつ出発すべきかわからない）のように、when を目的語の部分に使う用法もある

◆who (whose / whom) …「だれ」

人についてたずねる who ですが、**whose** は「**だれの**」、**whom** は「**だれを**」と聞く場合に使う！

ただ、whom は **who で代用される**ことが多い！

◆where …「どこ」

出身地や**住んでいるところ**、**目的地**など、さまざまな場所をたずねられる！

I don't know **where** to go.（どこへ行くべきか、わかりません）のように、where を目的語の部分に使う用法もある！

英作文エクササイズ

日本語の意味に合うように、下の語群から適当な疑問詞を選んで文を完成させましょう。

❶ (　　　) do you want to go this holiday? ☞ルール 15
この休みにはどこへ行きたい?

----

❷ (　　　) does your mother like? ☞ルール 12
あなたのお母さんは何がお好きですか。

----

❸ Do you know (　　　) he is? ☞ルール 14
彼がだれか知っていますか。

----

❹ (　　　) did you meet her last? ☞ルール 13
彼女に最後に会ったのはいつ?

----

❺ (　　　) do you feel? ☞ルール 11
どう感じますか。

選択肢　how　what　when　who　where

正解・解説

❶ Where do you want to go this holiday?

「**どこ**」をたずねる場合は where を使います。

❷ What does your mother like?

これは人の好みを聞いていますが、What **is** your mother like?（あなたのお母さんはどんな人ですか）と、what の後に be 動詞を使うと、母親の**性格や人柄**についてたずねる表現となります。

❸ Do you know who he is?

疑問文が文中に組み込まれた形です。この場合は**疑問詞の後ろが平叙文の語順（S + V）**になります。

❹ When did you meet her last?

「**いつ**」をたずねる表現です。ここでは過去の出来事がいつだったかを聞いています。

❺ How do you feel?

日本語だと「どう考えるか」「どう感じるか」と全部「どう」で通用しますが、英語では **feel には how** を使います。**think には what** を使い、**What** do you think of it?（それについてどう思いますか）のように言います。

音読エクササイズ

シチュエーション▶「プロジェクトの行方」

What's become of the project?

Well, I don't know **who**'s in charge now.

Why? I thought you are the boss here.

Come on. I don't even know **when** to start.

OK, then, **where** were we?

Oh, no, we have to do this again? **Whose** responsibility is this?

1. シチュエーションを思い浮かべながら、まず音読を5回しましょう。
2. つまらずにスラスラ言えるようになったら、今度は口でもぶつぶつと英語を言いながら書いてみましょう。
3. 覚えてしまうまで毎日、音読を続けましょう！

訳・解説

あのプロジェクトはどうなった？

What's become of~? は「**~はどうなったか**」と聞きたいときに使う表現です。例えば、**What's become of** the singer?（あの歌手はどうなったのだろう？）のように使います。What's は **What has が短縮されたもの**です。

もう、だれが責任者なのかもわからないよ。

「**だれが**」を聞きたい場合は、**疑問詞の後ろに動詞**をもってきます。例えば、Who said so?（だれがそう言ったのですか）など。

どうして？ 君がここを仕切っていると思ったんだけど。

ここは Why? だけで済ませていますが、厳密に言えば、**Why don't you know?**（なぜわからないの？）ということです。

やめてよ。いつから始めるのかもわかってないんだよ。

when to start = **when I should start**（始めるべきとき）です。

わかった、それでどこで終わったんだっけ？

ここの where were we? は「この間のプロジェクト（仕事）はどこで終わったか」を聞いています。

え～、またこれをしなければならないの？ いったいだれのせいなんだ？

whose は、「**だれの**」と聞きたい場合に用います。

DAY 1 DAY 2 DAY 3 DAY 4 DAY 5 DAY 6 DAY 7 DAY 8 DAY 9 DAY 10

助動詞（じょどうし） can / may / will・would / must・have to / should・had better

RULE ルール 16 can は「能力」「可能性」など用途いろいろ

canの基本は「**〜できる**」という「**能力**」を表現することです。

私は……ピアノを弾けます！

そう！ その感じね。あとは「なんでも起こり得る」のように「**〜があり得る**」という「**可能性**」を表すこともできます。また、「入っ**ても良いですか**」と**相手の許可**を求めたり、「手伝っ**てくれる？**（**Can you** help me?）」と**お願い**をしたりする場合にも使えます。

すごい！ 使い道がいっぱいだ！

音読センテンス

□ **It can't be true!** そんなばかな！

★ canは「〜できる」（能力）だけでなく、何かが「あり得る」「あり得ない」という「可能性」も表現できます。「あり得るなあ」は、**It can happen.** と、「なんでも起こり得る」は **Anything can happen.** などと言えます。

□ **Can I talk to you now?** 今、話せますか。

★ このcanは**相手の許可**を求めている感じになります。話せる場合は **Yes, of course.** や **Sure.** などで「もちろんいいですよ」となります。またダメな場合は **Sorry, but I'm in a hurry.**（すみません、今急いでいるので）や **Just a sec.**（少し待って）などの答え方ができます。ちなみに「入っても良いですか」は **Can I come in?** で、日常会話でもよく使います。

ここがポイントだ！

助動詞は文字通り「動詞」を「助ける」言葉で、動詞の前に置いて使います。 さまざまなニュアンスや意図を添えられます。「ていねいな表現」や「依頼」も、助動詞で言い表せます。微妙な意味の違いを区別して、使い分けることがポイントです。

RULE
ルール 17

may は「推測」から「許可」まで使える！

may は「**～かもしれない**」という「**推測**」と、「**～してもいい**」という「**許可**」を表します。

これもまたいろいろな意味があるんですね！

さらに、**May I ～?** という疑問文は、「**～してもよろしいでしょうか**」と**相手に許可を求める**ていねいな言い方です。それではさっそく英文を音読してみましょう！

音読センテンス

☐ **It may be rainy tonight.** 今夜は雨になるかもしれない。

★ この文を言う人の「**推測**」を表しています。

☐ **May I sit here?** ここに座ってもよろしいでしょうか。

★ 許可を求めるのに使われています。May I...? に対し、Yes, you may. と答えると偉そうに聞こえますので**要注意**です。座って良い場合は **Of course. / Sure. / Go ahead.** などと言うと「どうぞ」という意味合いになります。ダメな場合は **Sorry, it's taken.**（すみません、人が来るのです）など。

DAY 1 DAY 2 DAY 3 DAY 4 DAY 5 DAY 6 DAY 7 DAY 8 DAY 9 DAY 10

will と would は依頼や申し出も表す

willの過去形は何だか知っていますか？

知っています！ wouldです！

はい。ですが、**Would / Will you ～？**の疑問文にすると、「窓を開けてくれませんか」など、**人に何かを頼む**意味で使うことができます。wouldの方が**よりていねい**になり、**「～したいですか」「～はいかがですか」と申し出る場合**に使うといいですね。例えば、「何か熱いもの**をいかがですか**」と**申し出**たり、「窓を開け**てくれませんか**」などのように**依頼**をしたりする際に使えます。

音読センテンス

☐ **Would you like something hot?**

何か熱いものをいかがですか。

★「申し出」を表しています。

☐ **Will you open the window?**

窓を開けてくれませんか。

★「依頼」を表しています。作業などを手伝ってほしいときの **Will you** help me?（手伝ってくれますか）も定番表現です。また I **will** study harder.（より一生懸命勉強するぞ）と、willをしっかり言うと、強い意志を表現することができます。

RULE ルール 19

must と have to は「命令」系

must も **have to** も「**〜しなくてはならない**」と言う場合に使います。

2つとも同じ意味なのですか。

そうですね。どちらも同じように使えますが、厳密に言えば must のほうは、**話し手が「〜しなくてはならない」と思っていて**、have to は**規則などがあるために従わなくてはならない場合**に使います。否定形は、must not が「**〜してはならない**」という「**禁止**」、don't have to は「**〜しなくてもいい**」という「**不必要**」を表します。

音読センテンス

☐ **I must work hard!** 頑張らなくっちゃ！

☐ **You must come back soon!** すぐに戻ってきてくださいね。

★ must を使うと、自分の意志で頑張ろうと言ったり、「あなたは戻って来るべきだ＝ぜひ戻ってきて」とこちらが戻ってきて欲しいと考えている気持ちを伝えることができます。

☐ **I have to work hard!** 頑張らないといけない！

☐ **You have to come back by nine.** 9時までには戻らないといけません。

★ have to を使うと、**テスト**や**規則**など、何か**外側からの要因**があるために「**〜しなければ**」と思っていることを表現できます。

「思いやり」の should、「脅し」の had better

should と **had better** は「〜したほうがいい」と言う場合に使います。

アドバイス的な感じですね…
例えば「タバコをやめたほうがいいですよ」みたいな？

そのとおり！ そのように使いますが、**should は相手を思いやって「〜したほうがいいですよ」というニュアンスであるのに対して、had better は「〜しないとまずいことになるんじゃない？ 知らないよ」といった冷たい響きがあります。**

音読センテンス

□ **You should stop smoking.** （タバコをやめたほうがいいですよ。）

□ **You had better stop smoking.** （タバコをやめないと。）

★ should を使うと、「健康に悪いからやめたほうがいいよ」と、相手を思いやる心が伝わります。一方、had better を使うと、「体に悪いよ、どうなっても知らないからね」という突き放した感じになってしまいます。例えば **You should read this book.**（この本を読んだ方が良いよ）**You'd better read this book.**（この本を読んでおいた方がいいんだけどね）なども良く使う表現です。

助動詞　まとめ！

さまざまなニュアンスや意図を添えられる助動詞を、ズバッとおさらいしましょう！

◆ can はさまざまな使い道がある！

使い道①：**能力**＝～できる
使い道②：**可能性**＝～があり得る
使い道③：**許可**＝～しても良い

Can I ~? は「**～しても良いでしょうか？**」と許可を求められますが、
Can you ~? とすると「**～してもらえますか**」と**お願い**の表現になる！

◆ may の代表は「許可」と「推測」

使い道①：推測＝**～かもしれない**
使い道②：許可＝**～してもいい**

May I ~? とすると、「**～してもよろしいでしょうか**」と
相手に**許可を求めるていねいな言い方**になる！

May I ~? に対して Yes, you may. と答えると「**よろしい**」のような
ニュアンスで**偉そうに聞こえる**ので注意！

◆ will[would] は「依頼」「申し出」＋α!

Will you help me? (手伝ってくれますか) などのように、
Will you ~? を使って相手に頼むことができる！

Will you ~? よりも **Would you~? のほうが**
ていねいなニュアンスになる！

Woul you like ~ ?と like をつけると「**～はいかがですか**」と
申し出の表現になる！

◆ must と have to は「命令」！

must は**話し手が「～しなくてはならない」と思っている**！

have to は**規則などがあるために従わなくてはならない場合**！

否定形：must not は「**～してはならない**」＝**禁止**
否定形：don't have to は「**～しなくても良い**」＝**不必要**

◆ should は思いやり、had better は脅し

should も had better も「**～したほうがいい**」

should は**相手を思いやって「～したほうがいいですよ」**

had better は**冷たい響き**の「**～しないとまずいことになるんじゃない？知らないよ**」

助動詞ルールを定着！

英作文エクササイズ

日本語の意味に合うように、下の語群から適当な助動詞を選んで文を完成させましょう。

❶ I (　　　) make a better world. ☞ルール 19
私がより良い世界を築かなくては。

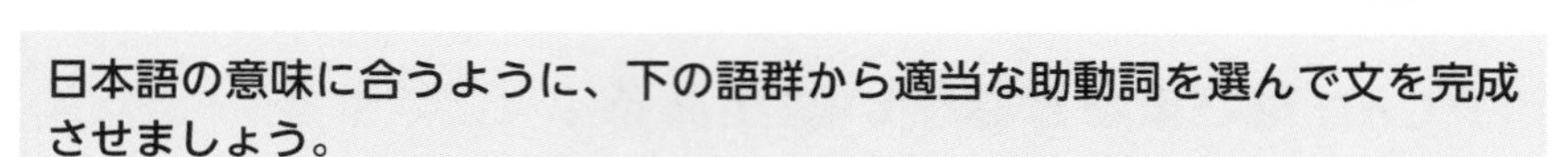

❷ You don't (　　　) say anything about it. ☞ルール 19
それについて何も言わなくてもいいですよ。

❸ You (　　　) stop smoking. ☞ルール 20
禁煙したほうがいいですよ。

❹ You (　　　) lose some weight. ☞ルール 20
やせたほうがいいんじゃない（知らないよ、病気になっても）。

❺ (　　　) I borrow this dictionary? ☞ルール 17
この辞書をお借りしてもいいですか。

選択肢	may	must	had better	should	have to

正解・解説

❶ I must make a better world.

must は「**〜しなくては**」という気持ちを表す助動詞で、自分でそう思ってやる気に燃えているのに対し、have to は**第三者から強制**されていて、「**仕方がないからしなくては**」という感じです。

❷ You don't have to say anything about it.

must not は「〜してはだめだ」と**強く禁止**するのに対して、don't have to は「〜しなくてもいいよ」という「**不必要**」になります。

❸ You should stop smoking.

should は**相手を思いやって**「〜したほうがいいですよ」と言う場合に使います。

❹ You had better lose some weight.

had better は「〜しないとまずいことになるんじゃない？　知らないよ」といった**冷たい響き**があります。

❺ May I borrow this dictionary?

May I ~? で、相手に**許可**を求めています。

助動詞ルールを定着！

音読エクササイズ

シチュエーション▶「プレゼンに遅れるなんて」

❶ Oh, / we **must** start / pretty soon. /
ああ　我々は始めなければ　すぐに
Tetsu **should** be here / by now.
テツは　ここにいるべきだ　もう

❷ Where / **can** he be / now? /
どこ　いる彼は　今
Monica hasn't arrived / either.
モニカは着いていない　もまた

❸ Oh, no. / They **may** be late.
ああダメだ　彼らは遅れるのだろう

❹ They **can't** / be late. / They **have to** make /
彼らはあり得ない　遅くなる　彼らは作らねばならない
a presentation / today.
プレゼンを　今日

❺ I **will** call Tetsu. / **Would** you mind /
私は電話するテツに　気にするか
holding this / for me?
これを持つ　私のために

❻ They **had better** stop / behaving like this.
彼らはやめるべきだ　このように行動すること

1. シチュエーションを思い浮かべながら、まず音読を5回しましょう。
2. つまらずにスラスラ言えるようになったら、今度は口でもぶつぶつと英語を言いながら書いてみましょう。
3. 覚えてしまうまで毎日、音読を続けましょう！

訳・解説

❶ あ、もう始めなくては。テツは、もう来ててもいいんだけど。

must は「～しなくては」で、**自分もそうすべきだ**と思っています。ここの should は、「(もう来ていても) 当然だ」という気持ちで使われています。

❷ 一体どこにいるんだ？ モニカもまだだよ。

「一体全体どこにいるんだ？」という**驚きや疑問を表す can** です。

❸ 大変。二人とも遅れるんじゃないかな。

「～かもしれない」の may です。

❹ 遅れるなんて。彼らはプレゼンをしなきゃいけないんだよ。

ここでの can は能力（～できる）ではなく、**可能性**（～があり得る、あり得ない）を表しています。また have to は**法律や外的圧力、決まったこと**などで「～しなくてはならない」という場合に用います。

❺ テツに電話してみる。これを、ちょっと持っていてくれる？

will は、ここでのように会話の最中に**思い立って「～する」**と言う場合によく使います。これからすることだからと言って、この場面で I'm going to call Tetsu. と言うと、前からの予定で電話することになるので、変なのです。Would you mind ~? は「～してもいいですか」という聞き方でしたね。

❻ こんなこと、やめてもらいたいものだ。

had better は「やめないと知らないよ」という**冷たい響き**があるので、この発言をした人が**怒っている様子が出ています**。

音読エクササイズ

「仕事の面接」の場面をイメージしながら、と の会話を音読練習してみましょう。様々な疑問文を言う・答える練習として、とそれぞれの役になりきって、ロープレ練習もしてみましょう。

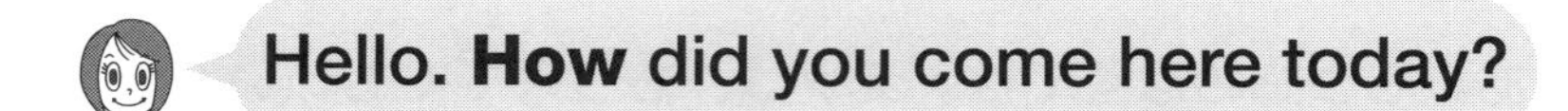

By train.

How long did it take you to get here?

About forty minutes.

Why do you want to work here?

Because I like your products.

When can you start working?

Any time!

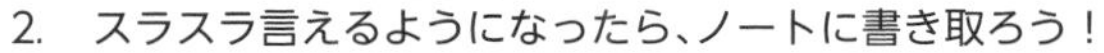

1. まずは通して５回音読しよう！
2. スラスラ言えるようになったら、ノートに書き取ろう！
3. 暗唱を目指して毎日音読を続けよう！

訳・解説

こんにちは。今日はどのようにしてここへ来ましたか。

交通手段を尋ねる表現です。

電車で。

By car.（車で）や By air.（飛行機で）など、by の後に交通手段を続けます。

ここに来るのにどれくらいかかりましたか。

How long...? は長さ（＝時間）を質問する表現になります。

40分くらいです。

丁寧に答えるなら、It took me about forty minutes. のようにも答えることができます。

どうしてここで働きたいのですか。

Why...? で理由を尋ねます。

御社の製品が好きだからです。

Why に対して、Because... で答えるのは原則ですが、To...（～するために）という答え方も可能です。例えば To improve my life.（私の生活を向上させるために）などのような答え方もできます。

いつ仕事を始められますか。

When...? で、「いつ？」＝時を質問します。

いつでも！

具体的に From next week.（来週から）などのように答えることもできます。

復習エクササイズ！

音読エクササイズ

「健康対策」の場面をイメージしながら、女性とヒヨコの会話を音読練習してみましょう。助動詞のニュアンスを感じながら、女性とヒヨコそれぞれの役になりきって、ロープレ練習もしてみましょう。

You **must** eat more vegetables and fruits.

I know, but I do love meat.

Yeah, but you **should** have a balanced diet.

I **can't** live without coke and potato chips.

You**'d better** watch what you eat.

1. まずは通して５回音読しよう！
2. スラスラ言えるようになったら、ノートに書き取ろう！
3. 暗唱を目指して毎日音読を続けよう！

訳・解説

もっと野菜と果物を食べないと。

must を使うことで、話者が健康のために野菜と果物を食べるべきだと思っていることが伝わります。

わかっているんだけど、肉が大好き。

I do love... と do を入れることで、I love... より強調している言い方になります。

そうだけど、バランスが良い食事をするべきだよ。

should は思いやりの気持ちが入っています。

コーラとポテトチップなしでは生きられない。

can't live without は「～なしで生きられない」の意味です。

食べ物には注意すべきなんだけどね。

had better は、少し突き放した感じがあります。what you eat は「あなたが食べるもの」「あなたの食事」という意味で、watch は「注意する」という意味合いになります。

仮定法（かていほう）

仮定法現在／仮定法過去／仮定法過去完了／かなわぬ願望／否定の条件

RULE ルール 21

80%本気の仮定法現在は「もし～になれば」

今日は、現実にはない「**仮の話**」を英語で表現します。

もしも…というやつですね！

そう！ まずは、「**もし～になれば**」という意味の、**これから先に起こること**を仮定します。これは仮定法の１つなのですが、**80%以上は本気**である場合にこの形を使います。

音読センテンス

□ **If you quit this job, I'll quit too.**

もしあなたがこの仕事をやめるなら、私もやめます。

★「仮定法現在」のこの形は、私が quit（やめる）する**可能性がかなり高い**ことを表します。

□ **If I find it, I'll call you.**

もしそれを見つけたら、電話します。

★ 見つけたら、必ず電話するよという**気持ち**が表れています。

まとめてcheck! 仮定法現在

If ＋ 主語 ＋ 現在形, 主語 ＋ will

日本語で「もし〜だったら」という言い方をよくするように、英語でも仮定法は意外によく使います。「もし」にあたるのが if です。**if を使った基本パターンを3つ（仮定法現在・仮定法過去・仮定法過去完了）、しっかり覚えておきましょう。**

RULE
ルール 22

50%本気の仮定法過去は「もし〜だったら」

現在の事実に反することを仮定します。

もしも私が犬だったら…。

そうそう！ そういうことです。日本語でも「**もし〜だったら**」と過去形を使うように、**時制を過去にするのがポイント**です。この形でこれから先に起こることを仮定することもありますが、「仮定法現在」と違うのは、**本気の度合いがかなり薄れている**点です。半分本気、半分本気でないといった感じです。

音読センテンス

☐ **If I were young, I would learn some languages.**

もし若かったら、数カ国語を学ぶのに。

★ be動詞は**主語が単数でも were** になります。女性が「私が男だったら〜」、相手に「私があなただったら〜」、お金がないのに「お金があったら〜」など、**事実に反することを仮定**する場合は、このパターンで表現します。

☐ **If you left your husband, I would marry you.**

もし君がだんなと別れたら、結婚するよ。

★ **本気**で結婚したいなら、**If you leave your husband, I will marry you.** と言いましょう。

まとめてcheck! 仮定法過去

If + 主語 + 過去形, 主語 + would [should, could, might]

仮定法過去完了は「あのとき〜だったら」

次は、**過去の事実に反すること**を仮定します。過去にすでに起こってしまったことに対して、「あのとき〜だったら」と言う場合に使います。

若いころもっと勉強していれば！ ぐぎぎ！

まさにその感じ。例えば「君のことをもっと知っていたら、君の意見を推したのに」などもそれで、会話では「君の意見を推したのに」の部分だけを使い、**後悔する気持ち**を表現することができます。過去のことを仮定するので、**時制は過去よりさらに1つ下げて過去完了を使う**のがポイントです。

音読センテンス

☐ **If I had known you better, I would have supported your opinion.**

君のことをもっと知っていたら、君の意見を推したのに。

☐ **If you had quit the job, you could have been a writer.**

もしその仕事をやめていたら、君は作家になれていたかも。

★ 結局は仕事をやめず、作家にもならなかったことを表しています。

☐ **I should have warned you earlier.**

もっと早く忠告しておけばよかったですね。

★ このルールの、**if がないほうだけ**、つまり**〈過去形の助動詞 + 現在完了形〉だけ**を使って、過去に**「〜すればよかった」**と言う場合に使います。

まとめてcheck! 仮定法過去完了

If + 主語 + had + 過去分詞 (過去完了形), 主語 + would [should, could, might] + have + 過去分詞 (現在完了形)

「かなわぬ願望」を表す I wish

雨だ…傘を持っていたらよかったのに…。

それは、**I wish** を使って表現できますね。**「～であれば［あったら］いいのになあ」**という**事実と異なる願望**を表します。「**かなわぬ願望**」なので、I wish に続く文は**仮定法過去**（または過去完了）を使います。

音読センテンス

☐ **I wish you were here.**

あなたがここにいたらいいのに
＝実際にはここにいない。

★ **I wish I had an umbrella.** だったら、「傘を持っていたらよかったのに＝実際には持っていない」という意味ですね。

☐ **I wish I had known the truth.**

事実を知っていたら良かったのですが＝実際には知らなかった。

★ **had + known** の形にすることで、過去の出来事に対し、知っていたらなあと**振り返っている表現**になります。

まとめてcheck! I wish ...

I wish 主語 + 過去形 / had + 過去分詞

RULE ルール 25

unless は否定の条件を表す

仮定法では **unless** を使って「**もし～でないならば**」という**否定の条件**を表すことがあります。**if not** と入れ替えることも可能ですが、unless は過去のことにはあまり用いません。

メンバーでない人は、買えません！とかですか？

大当たり！ そんな感じで使います。さっそくいくつかセンテンスを音読してみましょう！

音読センテンス

☐ **Unless you help me, I will not be successful.**
= If you don't help me, I will not be successful.

あなたが助けてくれないなら、私はうまくやれないでしょう。

☐ **Unless you leave now, you'll be late.**

今出ないなら、遅れるよ。

☐ **You can't buy the ticket unless you are a member.**

メンバーでないならこのチケットを買えません。

仮定法 まとめ！

現実とは違う「仮の話」をすることは、
意外と多いのでズバッとおさらいしましょう！

◆ 80%以上本気の仮定法現在！

意味としては「もし～になれば」で、**これから先に起こること**を仮定する！

If + 主語 + 現在形 , 主語 + will

If I find it, I'll call you.

◆ 本気度は50%程度の仮定法過去

意味としては「**もし～だったら**」で、**現在の事実に反すること**を仮定する！

時制を**過去**にする& be 動詞は **were** を使う！

If + 主語 + 過去形, 主語 + would [should, could, might]

If I were young, I would learn some languages.

◆ 過去の事実に反する仮定法過去完了

意味としては「**あのとき～だったら**」で、
過去すでに起こってしまったことについて言う！

If + 主語 + had + 過去分詞 , 主語 + would [should, could, might] + have+ 過去分詞

(過去完了形) (現在完了形)

If I had known you better, I would have supported your opinion.

◆ かなわぬ願望を表す I wish

I wish の後には、**仮定法過去**または**過去完了**を使う！

I wish 主語 + 過去形 [had 過去分詞]

I wish you were here.

◆ 否定の条件を表す unless

意味としては「**もし～でないならば**」で、**否定の条件**を表す！

if not と入れ換えることも可能！

unless = if not

英作文エクササイズ

(　　　　)に助動詞または動詞を入れて、仮定法過去の文を完成させましょう。

❶ 彼女に会ったら(会う＝ see)彼女に伝えますが。 ☞ルール 22

If I (　　　　) her, I (　　　　) tell her.

❷ 頼めば (頼む＝ ask) してくれる？ ☞ルール 22

(　　　　) you do it if I (　　　　) you?

❸ 彼が来なかったらどうする？ ☞ルール 22

What (　　　　) you do if he (　　　　) come?

❹ 私があなただったら、そこには行かないです。 ☞ルール 22

If I (　　　　) you, I (　　　　) go there.

❺ あなたが私たちと一緒にここにいたなら。 ☞ルール 24

I wish you (　　　　) here with us.

正解・解説

❶ **If I (saw) her, I (would) tell her.**

「彼女を見かけたら、告げます」という意味合い。

❷ **(Would) you do it if I (asked) you?**

Would you do me a favor?（お願いがあるのですが）という表現も**よく使われます**ので、覚えてしまいましょう。

❸ **What (would) you do if he (didn't) come?**

if... の部分を変えて、「**〜ならどうしますか？**」と聞く場合に使える**便利な表現**です。例えば、What would you do, if you were me?（あなたが私だったらどうしますか）など。

❹ **If I (were) you, I (wouldn't) go there.**

通常なら I に対する be 動詞の過去形は was ですが、仮定法では**三人称単数全部が were** になります。ただし、現実では **I was** というネイティブも大勢います。

❺ **I wish you (were) here with us.**

I wish の後に続く**仮定法過去**は「**かなわない望み**」を表現しますので、実際には私たちと一緒にいないことがわかります。

仮定法ルールを定着！

英作文エクササイズ

（　　　）に助動詞または動詞を入れて、仮定法過去完了の文を完成させましょう。

❶ 彼女に会っていたら伝えたのに。 ☞ルール 23

If I (　　) seen her, I (　　) (　　) told her.

❷ 頼んだらしてくれた？ ☞ルール 23

(　　)you (　　) (　　) it if I (　　) (　　) you?

❸ 彼が来なかったらどうしていた？ ☞ルール 23

What (　　) you (　　) (　　) if he (　　) (　　)?

❹ 私があなただったら、そこには行かなかったでしょう。 ☞ルール 23

If I (　　) you, I (　　) (　　) (　　) there.

❺ もっと早くあなたにこのことを話すべきだった。 ☞ルール 23

I (　　) (　　) (　　) you about this earlier.

正解・解説

❶ **If I (had) seen her, I (would) (have) told her.**

現実には彼女に会わなかったので、**話をしなかったことがわかります。**

❷ **(Would) you (have) (done) it if I (had) (asked) you?**

現実には、自分が相手に頼まなかったため、**相手がそれをしなかったことがわかります。**

❸ **What (would) you (have) (done) if he (hadn't) (come)?**

実際は彼がやってきたわけですが、もし来なかったら、何をしていたのかと質問しています。

❹ **If I (were) you, I (wouldn't) (have) (gone) there.**

If I were you, の部分は、過去完了なので If I had been you, としたいところですが、実際には過去のことであっても **If I were you, を使う場合が圧倒的に多い**ようです。

❺ **I (should) (have) (told) you about this earlier.**

過去のことに対し、**後悔する気持ちを表現する、頻繁に使われる表現**です。現実には相手に早く話をしなかったことがわかり、話し手が後悔していることがわかります。

音読エクササイズ

シチュエーション▶「転職をしたいけれど…」

❶ If I **had chosen** / another career, /
もし私が選んでたら　別の職業

I **would be** / happier now.
私はなっただろう　より幸せに

❷ I wish / I **had known** / about it /
私は願う　私が知っていた　それについて

when I applied / for this position.
私が申し込むとき　この仕事に

❸ What **would** you do / if you **were** me?
あなたはどうする　もしあなたが私なら

❹ I **would** appreciate it / if you **could** give me /
ありがたく思う　もしあなたがくれるなら

some advice.
アドバイスを

❺ Without your help, / I **wouldn't** be able to /
あなたの助けなしに　私はできないだろう

decide what to do.
どうするか決めること

❻ If I **left** / my job now, / I **might** regret / it later.
もし私が去ると　今仕事を　私は後悔するかも　後で

1. シチュエーションを思い浮かべながら、まず音読を５回しましょう。
2. つまらずにスラスラ言えるようになったら、今度は口でもぶつぶつと英語を言いながら書いてみましょう。
3. 覚えてしまうまで毎日、音読を続けましょう！

訳・解説

❶ 別の職業を選んでいたら今はもっと幸せだろうに。

if の中は仮定法過去完了で「もし過去の時点で他の仕事を選んでいたら」という仮定を表しています。後半は現在（now）の事実に反することなので、would be という仮定法過去の形です。

❷ この職に申し込むときにそれを知っていたら良かったのに。

I wish ～ は、現在や過去の実現できない願望を表します。この文は、過去において「知っていたら良かったのに」と、知らなかった状態を表します。実現できなかったので仮定法過去完了を使っているのです。

❸ もしあなたが私ならどうしますか。

仮定法過去が疑問文で使われています。

❹ アドバイスをしていただけるとありがたいのですが。

I would appreciate it if you could ～ で、ていねいな依頼の言い回しとしてよく使われます。

❺ あなたの助けがなければ、どうすべきか決めることはできないでしょう。

without は「～がなければ」という意味で仮定の機能を持ち、仮定法とともによく使われます。

❻ 今仕事をやめると後で後悔するかもしれません。

仮定法過去なので、「仕事はたぶんやめないだろう」という気持ちがあります。

動詞を変化させて
「〜される」という
受け身の形を表す！

受動態（じゅどうたい）

受動態の基本／by以下の省略／丸覚え推奨の慣用句／動詞句の受動態の注意点

受動態の基本は〈be動詞 + 過去分詞形〉

「能動態」が「〜する」という意味を表すのに対して、**受動態**は「**〜される**」という意味になります。

うん？　どういうことでしょう？

例えば「このビルは50年前に建てられました」のような、**主語が明確でない文を作る**のに最適です。DAY 1 で紹介した〈S + V + O〉の **O が主語**になったものが受動態です。**〈O + be 動詞 + V の過去分詞 + by S〉**とするのが基本です。受動態にできるのは、原則的に目的語がある文です。

音読センテンス

受動態の基本

☐ **Letters are written by him.**

手紙は彼によって書かれる。

He writes letters.

彼は手紙を書く。

★ 能動態だと He writes letters.（彼は手紙を書く）となります。手紙を主語にして、「手紙は書かれる」という文にすると受動態になります。過去のことなら、are を were に変えればOKです。

☐ **This building was built 50 years ago.**

このビルは50年前に建てられました。

☐ **This place is well known for beautiful scenery.**

ここは綺麗な景色で知られています。

ここがポイントだ！

英語は「～される」という意味の受動態を多用します。特に新聞など書き言葉にはよく使われます。**基本ルールは1つで、〈be 動詞 ＋ 動詞の過去分詞〉です。** 慣用的なものは、よく使う表現を覚えておくと便利です。

RULE ルール 27

by 以下が不特定多数なら省略が可能！

受動態の文で、by の後が us（私たち）や them（彼ら）など、**不特定多数**の場合には、**by 以下を省略**することが多いです。

そうなんですか！

例えば、「（私たちは）夜に星を見ることができる」という文を「夜には星が見られる」という受動態にするときに、最後の by us は**省略することが多い**のです。さっそく音読してみましょう。

音読センテンス

□ **Stars can be seen at night.** 夜には星が見られる。

★ これは We can see stars at night. という能動態を受動態にした表現です。**助動詞 can** が入っているので、その後に**be動詞を原形のまま**用い、それに動詞を**過去分詞形**にして続けています。

□ **The park is often visited (by us).** その公園をよく訪れます。

★ We often visit the park.（私たちはあの公園によく行く）という文を受動態にした表現で、最後の by us は省略されることが多いです。

まとめてcheck! 受動態

be動詞 ＋ V の過去分詞 ＋ by ～

by ～は省略されることもある！

超便利で丸覚え推奨！受動態の慣用句

英語には受動態で使う**決まった表現**がたくさんあります。

例えばどんなものでしょうか？

例えば、「**～でよく知られる**」という意味の be well known for や、「**～に驚く**」を表す was surprised at/by などがよく使われます。この surprised は surprise の過去分詞形ではなく形容詞と考えられていますが、形容詞なのか過去分詞形なのかを心配するよりは、日常的によく使われる受動態の慣用句として、**そのまま覚えて使いましょう。**

音読センテンス

□ **Mt. Fuji is covered with snow.**

富士山は雪で覆われている。

★ be covered with ～ などは 1 つの表現として覚えておきましょう。

まとめてcheck! よく使う受動態の慣用表現

□ **be surprised at ～**	(ニュース) に驚く
□ **be surprised by ～**	(誰かのコメント) に驚く
□ **be pleased with ～**	～に喜ぶ
□ **be filled with ～**	～で満たされる
□ **be interested in ～**	～に興味がある
□ **be worried about ～**	～を心配する
□ **be impressed by ～**	～に感動する
□ **be afraid of ～**	～が怖い
□ **be known to ～**	～に知られている
□ **be excited about/at ～**	～にワクワクしている・楽しみにしている
□ **be/get involved in ～**	～に関与している・巻き込まれる
□ **be/get stuck in/into ～**	～にはまり込む・身動きが取れなくなる
□ **be confused about ～**	～に困惑している
□ **be lined with ～**	～が並んでいる

RULE ルール29

動詞句の受動態は、前置詞・副詞を忘れずに

動詞句の受動態で、ちょっと**注意が必要**なことがあります。

な…何でしょう…？

例えば「～を笑う」という意味の **laugh at ～** や、「～を叱る」を表す **tell off ～** などは、動詞の後ろの前置詞・副詞まで含めて１つの意味を表しますので、受動態にしても前置詞や副詞を**省略できません。**

音読センテンス

□ **I was laughed at by the children.**

私は子どもたちに笑われた。

★ 能動態は The children **laughed at** me.（子どもたちは私を笑った）です。受動態にする場合、I was laughed まではスムーズにできると思いますが、**at を飛ばさないようにすることが大切**。これはTOEICなどのテスト問題でも**ねらわれやすいポイントです。**

□ **The boy is often told off by his teacher.**

その少年は、よく教師から叱られている。

★ 能動態は **His teacher often tells off the boy.**（その教師はよくその少年を叱る）です。tell off で「叱る」というフレーズですので、受動態にする場合、be 動詞＋told off として **off を忘れない**ようにしましょう。

□ **You will be given more time.**

もっと時間を与えられるでしょう。

★ 会話をしている人たちにとって「誰が」時間を与えてくれるのか明らかにわかっているので、**by 以下が省略**されています。能動態の例としては **I will give you more time.** や **Your boss will give you more time.** などが考えられます。

DAY 1 DAY 2 DAY 3 DAY 4 DAY 5 DAY 6 DAY 7 DAY 8 DAY 9 DAY 10

英作文エクササイズ

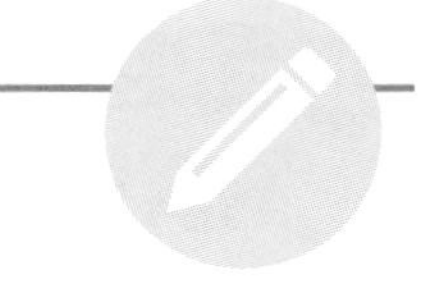

次の能動態の文を、受動態に変えてみましょう。

❶ **The scientists discovered the new material.**
その科学者たちは新素材を発見した。 ☞ルール 26

❷ **Everyone knows the actor.** ☞ルール 28
だれもがその俳優を知っている。

❸ **The teacher gave me some advice.** ☞ルール 26
その教師は私にいくつか助言をした。

❹ **Dangerous driving caused these accidents.**
危険運転がこれらの事故を引き起こした。 ☞ルール 28

❺ **I must finish this job.** ☞ルール 26
私はこの仕事を片づけなくてはならない。

音声を使って、耳と
口を使った英作文練
習もやってみてネ！

正解・解説

❶ **The new material was discovered by the scientists.**（新素材はその科学者たちによって発見された）

discover は**規則動詞**なので、過去分詞形は ed を付けるだけです。

❷ **The actor is known to everyone.**
（その俳優はみんなに知られている）

be known **to** ～ で「**～に知られている**」という意味です。なお、be known **for** ～ は「**～で有名である**」の意。The actor **is known for** his excellent performances.（その俳優は素晴らしい演技で有名だ）。be known **by** ～ は「**～によって意図的に知ろうとして知られる**」という意味ですが、People **are known by** their friends.（人はつきあう友達でわかる）のような使い方もよくされます。

❸ **I was given some advice by the teacher.**
（私はその教師からいくつか助言をもらった）

Some advice was given to me by the teacher.
（いくつかの助言がその教師によって私にもたらされた）

give という動詞は、**2つの目的語をとります。**問題文では the teacher と some advice が目的語で、**2つの受動態を作ることができます。** 2つの目的語を取る代表的な動詞には、ask, show, teach, tell, offer などがあります。

❹ **These accidents were caused by dangerous driving.**（これらの事故は、危険運転により引き起こされた）

These accidents が主語になると、be動詞は複数形になります。

❺ **This job must be finished by me.**
（その仕事は私によって片づけられなくてはならない）

助動詞がある文を受動態にするには、**〈助動詞 + be + 動詞の過去分詞形〉**とします。

受動態ルールを定着！

音読エクササイズ

シチュエーション▶「私の町を紹介します」

❶ This letter / **was written** / by a friend of mine.
この手紙は　書かれた　私の友達によって

❷ His town / **is known to** / a lot of people.
彼の町は　知られている　多くの人々に

❸ It **is known** / for its spectacular scenery.
それは知られている　その素晴らしい景色で

❹ The streets / **are filled with** people /
通りは　人々であふれている

and people **are seen** / coming out of shops.
そして人々が見られる　店から出てくる

❺ The mountains / **are covered** / **with** snow.
その山々は　おおわれている　雪で

❻ It **is believed** that / people in this town /
それは信じられている　この町の人々は

are very happy.
とても幸せであると

1. シチュエーションを思い浮かべながら、まず音読を5回しましょう。
2. つまらずにスラスラ言えるようになったら、今度は口でもぶつぶつと英語を言いながら書いてみましょう。
3. 覚えてしまうまで毎日、音読を続けましょう！

訳・解説

❶ この手紙は私の友人の一人によって書かれた。

❷ 彼の町は多くの人々に知られている。

❸ それ（その町）は壮大な景色で有名だ。

be known to / for / by など、**前置詞によって意味が変わる**のは、英作文エクササイズの解説でも見たとおりです。

❹ 通りは人であふれ、店から出てくる人が見られる。

be filled with で「**〜でいっぱいの**」という慣用表現です。後半は、能動態なら **We see people coming out of shops.** となります。

❺ 山々は雪でおおわれている。

「(雪や枯れ葉で) おおわれている」と言う場合は、**be covered with ~** を使います。

❻ この町に住む人はとても幸せだと思われている。

能動態は They believe that people in this town are very happy. で、受動態にした場合、左ページの音読フレーズのほか、**People in this town are believed to be very happy.** とも表現できます。

復習エクササイズ！

英作文エクササイズ

（　）に助動詞または動詞を入れて、仮定法過去や仮定法過去完了の文を完成させましょう。 25

❶ やってみないと成功だってできない。

If you (　　　) try, you (　　　) succeed.

❷ やらなかったら成功していなかった。

If you (　　　) (　　　), you (　　　) (　　　) succeeded.

❸ まけてくれたら買うのに。

ヒント まける = give me a discount ／買う = buy

I (　　　) (　　　) it, if you (　　　) me a discount.

❹ まけてくれたら買ったのに。

I (　　　)(　　　)(　　　) it, if you(　　　)(　　　) me a discount.

❺ 君が行ってしまったら残念だ。

ヒント 行ってしまう = leave

I (　　　) be sorry, if you (　　　).

❻ 君が行ってしまっていたら残念だったろう。

I (　　)(　　)(　　) sorry, if you(　　)(　　).

❼ こんなに寒くなければ、外へ出かけるのに。

If it (　　) so cold, I (　　) go out.

❽ あれほど寒くなかったら、外へ出かけていただろう。

If it (　　) (　　)so cold, I (　　) (　　)(　　) out.

❾ 車がなければ、そこへ行くのは難しいでしょう。

If you (　　) have a car, it (　　) be difficult to get there.

❿ あなたが車を持っていなかったら、あそこに行くのは困難だっただろう。

If you (　　) (　　) a car, it (　　)(　　)(　　) difficult to get there.

DAY 1
DAY 2
DAY 3
DAY 4
DAY 5
DAY 6
DAY 7
DAY 8
DAY 9
DAY 10

復習エクサイズ!

正解・解説

❶ やってみないと成功だってできない。

If you (didn't) try, you (wouldn't) succeed.

強く確信を持って言いたいなら、If you don't try, you won't succeed. と仮定法現在を使います。 **⇒仮定法過去**

❷ やらなかったら成功していなかった。

If you (hadn't) (tried), you (wouldn't) (have) succeeded.

やってみて成功したのが現実です。 **⇒仮定法過去完了**

❸ まけてくれたら買うのに。

I (would) (buy) it, if you (gave) me a discount.

I might buy it... とすることも可能ですが、I would buy の方が、自分の意思で買うという気持ちが出ます。 **⇒仮定法過去**

❹ まけてくれたら買ったのに。

I (would) (have) (bought) it, if you (had) (given) me a discount.

実際には、価格を下げてくれなかったので、買わなかったわけです。 **⇒仮定法過去完了**

❺ 君が行ってしまったら残念だ。

I (would) be sorry, if you (left).

本当に相手が去ることになった場合は、I'll be sorry. や、I'll miss you.（寂しくなります）などのように will を使います。sorry は「残念に思って」。 **⇒仮定法過去**

❻ 君が行ってしまっていたら残念だったろう。
I (would) (have) (been) sorry, if you (had) (left).

実際には相手が去らなかったのですが、もし去っていたら悲しかっただろうなあと仮定しています。 **⇒仮定法過去完了**

❼ こんなに寒くなければ、外へ出かけるのに。
If it (weren't) so cold, I (would) go out.

It's cold.（寒い）などで使われる it は天気や時刻を表現する文で主語として使われます。仮定法ではこの it に対する be 動詞も were となります。ただし7番同様 was を使うネイティブは大勢います。 **⇒仮定法過去**

❽ あれほど寒くなかったら、外へ出かけていただろう。
If it (hadn't) (been) so cold, I (would) (have) (gone) out.

仮定法過去では If it weren't so cold だった部分が、仮定法過去完了では If it hadn't been so cold になります。 **⇒仮定法過去完了**

❾ 車がなければ、そこへ行くのは難しいでしょう。
If you (didn't) have a car, it (could) be difficult to get there.

could は might や would でも置き換え可能です。 **⇒仮定法過去**

❿ あなたが車を持っていなかったら、あそこに行くのは困難だっただろう。
If you (hadn't) (had) a car, it (could) (have) (been) difficult to get there.

実際には車があったのでスムーズに行けたことがわかります。また「あの時、車をあなたが持っていたら」と過去のことを仮定する場合、If you had had a car... と had が2回続きますが、それで正しいわけです。 **⇒仮定法過去完了**

復習エクサイズ！

英作文エクササイズ

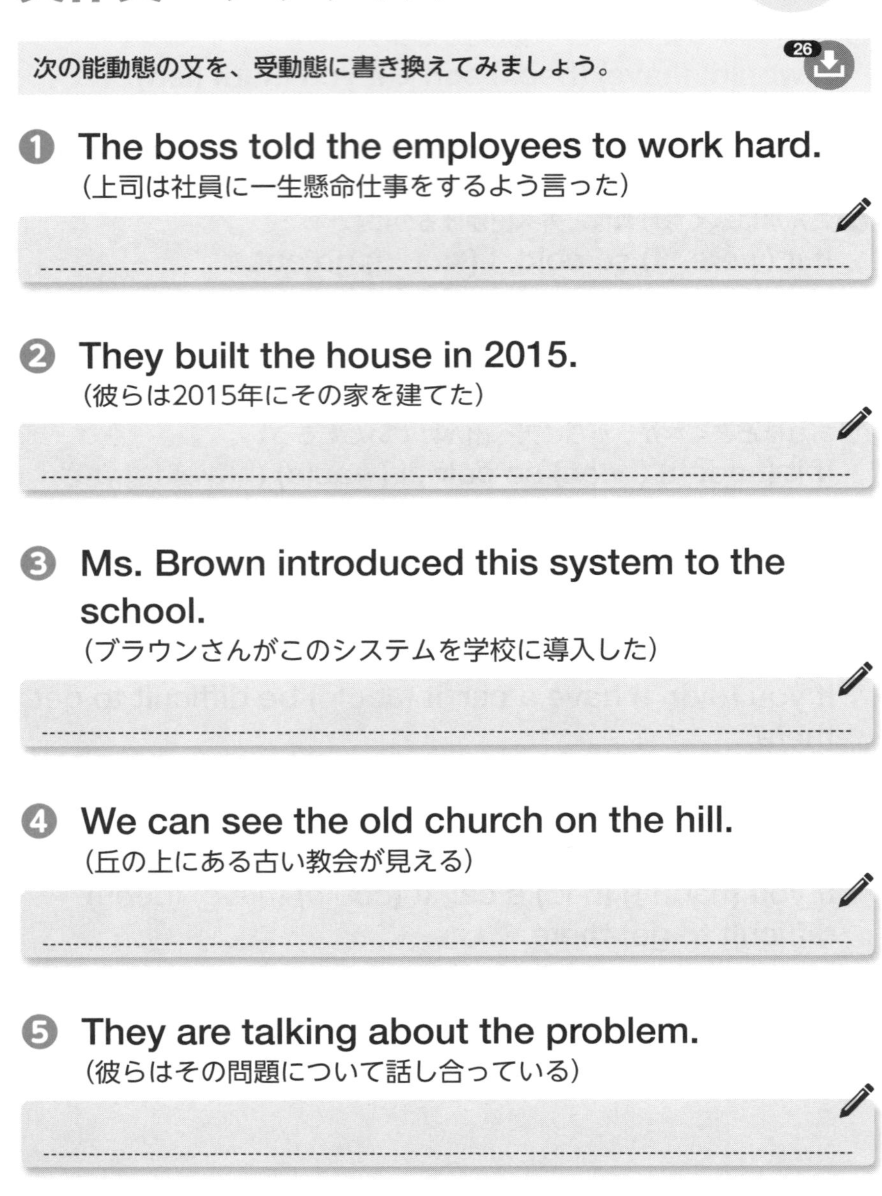

次の能動態の文を、受動態に書き換えてみましょう。 26

❶ **The boss told the employees to work hard.**
（上司は社員に一生懸命仕事をするよう言った）

❷ **They built the house in 2015.**
（彼らは2015年にその家を建てた）

❸ **Ms. Brown introduced this system to the school.**
（ブラウンさんがこのシステムを学校に導入した）

❹ **We can see the old church on the hill.**
（丘の上にある古い教会が見える）

❺ **They are talking about the problem.**
（彼らはその問題について話し合っている）

正解・解説

❶ **The employees were told to work hard by the boss.**
(社員は上司から一生懸命仕事をするように言われた)

〈人 + be + told + to ～〉で「～と言われた」という表現です。

❷ **The house was built in 2015.**
(その家は2015年に建てられた)

build (建てる) の過去・過去分詞形は built。最後に by them をつけてもOK。

❸ **This system was introduced to the school by Ms. Brown.**
(このシステムは、ブラウンさんにより学校に導入された)

introduce A to B で、AをBに導入する (紹介する) の意味になります。受動態にする場合、このA to Bのtoを忘れないようにしましょう。

❹ **The old church can be seen on the hill (by us).**
(古い教会が丘の上に見える)

問題文の can see の部分を受動態にすると、can be seen になります。

❺ **The problem is being talked about (by them).**
(その問題は彼らによって話し合われている)

進行形の文を受動態にする場合、「be動詞」と「動詞の過去分詞形」の間に being が入ります。また by them のように不特定多数が行っていることは、言わないのが普通です。

DAY 7

不定詞（ふていし）・動名詞（どうめいし）・分詞（ぶんし）

不定詞：名詞的用法・形容詞的用法・副詞的用法／動名詞／現在分詞／過去分詞

「～すること」不定詞の名詞的用法

不定詞知ってます！〈**to ＋ 動詞の原形**〉ですよね。

その通り！ 不定詞にはいくつかの用法があって、名詞的用法では不定詞が**名詞のような役割**をします。文の中で、**主語・目的語・補語になります**。「**～すること**」という意味を表します。

さっそく音読練習をしてみます！

音読センテンス

☐ **It is necessary for you to study hard.**

君は一生懸命勉強しなくてはならない。

★ It は to 以下の内容を指し、**To study hard is necessary for you.** としても同じ内容を表現できます。名詞的用法の不定詞は、**To study hard is important.**（一生懸命勉強するのは重要だ）と**主語**になったり、**My job is to clean the room.**（私の仕事は、その部屋をきれいにすることだ）と補語になったりします。

☐ **My purpose is not to earn money.**

私の目標はお金を稼ぐことではないのです。

★ ここでは to earn（稼ぐこと）は、**補語**になっています。否定形にする場合、not は to の前に置きます。会話の中では、ネイティブでもよく to not earn... のように to の後に not を置く人もいますが、to の前に置くのが文法的には正しいです。

ここがポイントだ！

「不定詞」「動名詞」「分詞」はまとめて「準動詞（じゅんどうし）」と呼ばれます。 動詞が形を変えて、さまざまな働きをするものです。動詞に to が付くのが「不定詞」です。動詞に ing が付くのが「動名詞」と「現在分詞」です。動詞を過去分詞形で使うのが「過去分詞」です。

RULE ルール 31

「～するための」不定詞の形容詞的用法

次は不定詞の形容詞的用法です。これは不定詞が**形容詞のような役割**をするものです。

ということは、**名詞を修飾する**のですか？

その通り！ これは「**～するための**」という意味になります。形容詞的用法の不定詞は名詞を**後ろから修飾**します。

音読センテンス

□ **I need something to drink.** 何か飲むものが必要だ。

★ to drink の部分が「**飲むための**」となり、something という**名詞を後ろから修飾**しています。

□ **Do you have time to talk?** 話をする時間がありますか？

★ to talk「**話をするための**」が、名詞 time を**後ろから修飾**しています。なお、the time と the をつけると、「相手も自分もわかるその時間→現在時刻」を指します。そのため、Do you have the time? は「今何時ですか」という意味になるので注意しましょう。

「〜するために」不定詞の副詞的用法

さて、不定詞の副詞的用法とは…

不定詞が「副詞」のような役割をする！ ですよね？

はい。その通り！ **「〜するために」**という**目的**、**「〜して」**という**原因**、**「結果として〜した」**という**結果**などを表します。

音読センテンス

□ **I am glad to see you again.** また会えて嬉しいです。

★ to see の部分が「会えて」となり、I am glad の**「原因」**を表しています。他に I went there **to find nothing**.（そこへ行ったが**何も見つからなかった**）は、**「結果」**を表します。

□ **He studied hard to pass the exam.** 彼はその試験に合格するため懸命に勉強した。

★ to pass「合格するために」の部分が He studied hard の**「目的」**を表しています。「目的」の意味をより明確にするために、to の代わりに **in order to** や **so as to** を用いることもあります。exam = examination（試験）です。

I am glad to see you again.

RULE ルール 33

〈動詞 +ing〉で「～すること」動名詞

動名詞とは、もともと動詞である単語に **ing** を付けて**名詞的な役割**を持たせたものです。

どんな役割を果たすのでしょうか？

ずばり、**主語・目的語・補語**としての働きをします。「**～すること**」という意味で、しばしば不定詞の名詞的用法と**置き換え可能**です。

音読センテンス

□ It never rains without pouring.

降れば土砂降り［泣き面に蜂］。

★ pouring の部分が動名詞です。「土砂降りになることなしで、雨は降らない」という表現になっています。なお、**前置詞の後**には動名詞は使えますが、**不定詞は使えません。動名詞だけを続けることができる動詞（句）**も注意して覚えましょう。enjoy（楽しむ）、finish（終える）、look forward to（～を楽しみにする）などはその代表です。

□ My hobby is collecting old coins.

私の趣味は古いコインを集めることです。

★ collecting が動名詞で、collecting old coins は「古いコインを集めること」で**補語**になっています。不定詞の名詞的用法「～すること」を用いて、My hobby is to collect old coins. としても**同じ意味**です。

RULE
ルール34

現在分詞は〈動詞 +ing〉で形容詞・副詞の働きをする

現在分詞は、動詞にingを付けて、**「～する」「～している」**という**能動の意味**を持たせたものです。

形は動名詞と同じですね！

そうですね。ですが**役割がまったく異なります！** 現在分詞は修飾語である**形容詞や副詞の働き**をするのです。

音読センテンス

☐ **The sleeping baby is very cute.**

眠っているその赤ちゃんは、とてもかわいい。

★ sleepingが現在分詞で、**名詞**baby**を修飾**しています。現在分詞が**形容詞の働き**をしています。

☐ **He waited for a bus, reading a book.**

彼は本を読みながらバスが来るのを待った。

★ He waited for a bus.という**状況説明に**He was reading a book.という**状況説明を加えた表現**です（付帯状況と言います）。現在分詞reading以降が**文全体を修飾する副詞の働き**をしています。

RULE
ルール 35

過去分詞は〈動詞の過去分詞形〉で形容詞・副詞の働きをする

現在分詞の次は**過去分詞**で、**動詞の過去分詞形**を用います。

動詞の**後ろに ed** を付ける規則動詞と、様々に変化する**不規則動詞**があるアレですね！

その通り！ 過去分詞は、**「～される」**という**受動の意味**を持たせたものです。**形容詞や副詞の働き**をします。

よし！ さっそく英文を音読してみよう！

音読センテンス

☐ **This is the photo taken by my father.**

これは私の父が撮った［＝私の父に撮られた］写真です。

★ taken が過去分詞で、photo を**後ろから修飾**しています。

☐ **He was happy, surrounded by his friends.**

彼は友人たちに囲まれて幸せだった。

★ 過去分詞 surrounded 以降が**付け加えた状況説明**（付帯状況）です。surrounded 以降が**文全体を修飾する副詞の働き**をしています。

DAY 1 DAY 2 DAY 3 DAY 4 DAY 5 DAY 6 DAY 7 DAY 8 DAY 9 DAY 10

不定詞動名詞分詞ルールを定着!

英作文エクササイズ

「ヒント」を参考にして、次の日本語を英語にしてみましょう。

❶ その仕事をするのは君にとって簡単です。 ☞ルール 30

ヒント! 「仕事」: job

❷ 彼らは住むための家が必要です。 ☞ルール 31

❸ 私は勉強をするために図書館へ行った。 ☞ルール 32

❹ 私の趣味は外国の小説を読むことです。 ☞ルール 33

ヒント! 「小説」: novel

❺ その眠っている犬はあなたのですか。 ☞ルール 34

❻ その通りは落ち葉でおおわれていた。 ☞ルール 35

ヒント! 「落ちる」: fall

正解・解説

❶ **It is easy for you to do the job.**

The job is easy for you to do. としてもOK。

❷ **They need a house to live in.**

live の不定詞部分が house を**修飾**しています。この場合、house の中に住むので、「中に」を表す**前置詞 in を付けます**。

❸ **I went to the library to study.**

to study という不定詞が、図書館へ行った**目的**を表しています。

❹ **My hobby is reading foreign novels.**

不定詞を使って、**to read foreign novels** としても同じ意味を表せます。

❺ **Does that sleeping dog belong to you?**

sleeping の部分が**現在分詞**で、dog を**修飾**しています。この文は **Is that sleeping dog yours?** としてもOKです。

❻ **The street was covered with fallen leaves.**

fallen leaves（落ち葉）の fallen が**過去分詞**です。なお、leaves は leaf の**複数形**です。

不定詞動名詞分詞ルールを定着！

音読エクササイズ

シチュエーション▶「あなたは犬派、それとも猫派？」

It is difficult for me **to decide** which is better.

Don't worry. You still have time **to think** about it.

I would like **to have** a pet that is independent.

Then I recommend your **keeping** a cat.

But I look forward to **walking** a dog.

Well, how about **having** both?

1. シチュエーションを思い浮かべながら、まず音読を5回しましょう。
2. つまらずにスラスラ言えるようになったら、今度は口でもぶつぶつと英語を言いながら書いてみましょう。
3. 覚えてしまうまで毎日、音読を続けましょう！

訳・解説

どちらがいいのか、決めかねます。

To decide which is better is difficult for me. としてもOKです。

ご心配なく。考える時間はありますから。

to think の部分が不定詞の**形容詞的用法**で、time を修飾しています。

独立心のあるペットがいいですね。

to have の部分は、would like に続けて「～することが好き ＝ **～したい**」という意味を持つ、不定詞の名詞的用法です。

では、猫を飼うことをおすすめしますよ。

recommend は**動名詞を目的語に取る**ことができます。

でも、犬と散歩するのも楽しみだし。

look forward to の後には、**必ず動名詞か名詞が続きます。**

では、両方とも飼ってはどうですか。

how about ～ は、名詞または動名詞を続けて「**～はどうですか**」と尋ねる表現です。

DAY 1 DAY 2 DAY 3 DAY 4 DAY 5 DAY 6 DAY 7 DAY 8 DAY 9 DAY 10

DAY 8

比較(形容詞)

比較級・最上級／長い形容詞／同じくらいの…／2つを比較する／3つ以上を比較する

多くの形容詞は -er, -est をつけて比較級・最上級を作る

「形容詞を使って、「私の父は**背が高い（tall）**」「父は私**より背が高い（taller）**」「父は家族で**最も背が高い（tallest）**」のような**比較**を表すことができます。

私はChiz先生より背が低いです！

さて、tall の形を**原級**、taller の形を**比較級**、tallest の形を**最上級**といいます。形容詞の多くは**規則変化**で、**原級に -er、-est をつけて**比較級や最上級を作ります。他にも、〈子音字＋ y〉で終わる語は、y を i に変えて **-er**、**-est** をつける、といった規則があります（詳しくは105ページを参照）。

音読センテンス

□ **I am taller than my father.**　私は父よりも背が高い。

★ 形容詞 tall の比較級は tall**er** です。

□ **He looks happier than me.**　彼は私よりも幸せそうだ。

★ 形容詞 happy は〈子音字＋ y〉で終わる語なので、比較級は happ**ier** です。

まとめてcheck! 比較級・最上級の基本

形容詞の原級 ＋ -er ＝ 比較級
形容詞の原級 ＋ -est ＝ 最上級

原級の語尾のつづり字によって異なる場合もあるので注意！

基本的には**語尾に er** をつけて**比較級**、**est** をつけて**最上級**、長めの単語には **more** や **most** をつけて比較級・最上級を作ります。A is higher than B.（AはBより高い）A is more difficult than B.（AはBより難しい）など文で覚えましょう。

RULE
ルール37 長い形容詞の比較・最上級＝more・most を前に置く

beautiful や interesting や important などの**長めの形容詞**は、**more・most を前に置いて**比較級と最上級を作ります。

er や est じゃないのですね！

例えば、「これはあれ**より便利だ**（useful）」と言いたい場合は **more** useful と言い、「これが**いちばん高価だ**（expensive）」と言いたい場合は **most** expensive と、比較級や最上級を表現できます。

音読センテンス

比較級

□ **This film is more interesting than that film.**

この映画はあの映画よりも面白い。

★ interesting の比較級は **more** interesting。

最上級

□ **This film is the most interesting of all.**

この映画は全ての中で最も面白い。

★ interesting の最上級は **most** interesting。

「同じくらい～」も比較！〈as ＋ 原級 ＋ as〉

「AとBが同じくらい○○だ」と言いたい場合は、**〈A... as ＋原級＋ as B〉**という形を使います。

asで形容詞の原級を挟むのですね！

２つ目のasは**前置詞**または**従属接続詞**として用いられます。例えばHe is **as** tall **as** me[I am].（彼は私と**同じぐらい**背が高い）について考えると、２つめのasを**前置詞**と見るなら**名詞（目的格）**を続けて**me**、**接続詞**と見るなら**節**を続けてI amとすることができます。否定文は〈**not** as[so] ＋原級＋ as〉で「**ほど～ではない**」という意味です。

音読センテンス

□ **He is as busy as me.** 彼は私と同じくらい忙しい。

★“彼”と“私”を比べて「同じくらい忙しい」と述べています。否定文は、He is **not** as busy as me.（彼は私**ほど忙しくない**）。なお、２つめのasを従属接続詞と見てHe is as busy as I am. とすることも可能です。

RULE
ルール 39

2つを比べる「より～」は〈比較級＋ than〉

続いて、２つを比較して「**AはBより～である**」という意味を表す形を見てみましょう。

asを使うのではないのですか？

そうなのです！ この場合は、〈**A... 比較級＋ than B**〉の形を使いましょう。

それではさっそく英文音読をやってみよう！

音読センテンス

☐ **That chair is more comfortable than this one.**

あの椅子はこの椅子よりも座り心地がよい。

★ that chair（あの椅子）と this chair（この椅子）を比べています。この文では**重複**する後者のchairを**代名詞oneで置き換え**ていますが、chairのままでも構いません。comfortable（心地良い）の**比較級**は、**前に more** を置きます。

☐ **This tablet (computer) is more useful than that one.**

このタブレットの方があちらのより便利です。

DAY 1
DAY 2
DAY 3
DAY 4
DAY 5
DAY 6
DAY 7
DAY 8
DAY 9
DAY 10

RULE
ルール 40
3つ以上を比べる「最も〜」は〈the 最上級 + in [of]〉

最後は、３つ以上を比較する表現を身につけましょう。

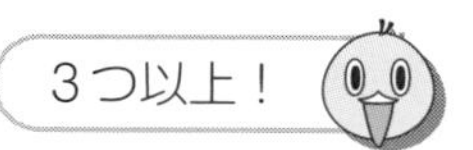

最上級という表現で、「**AはBの中で最も〜である**」ということを表します。英文の形は、**〈A... the 最上級 + in[of] B〉** です。

音読センテンス

□ **That is the highest mountain in Japan.**

あれは日本の中で一番高い山です。

★ 日本にある全ての山を比較して「最も高い」と述べています。**of** を使って That is **the highest** mountain **of** all the mountains in Japan.（あれは日本にあるすべての山の中で最も高い）とすることもできます。

□ **This smartphone is one of the most expensive models.**

このスマホは最も高価な機種の１つです。

Photo: Licensed under Public Domain via Wikimedia Commons/Flickr

まとめてcheck! 形容詞の比較変化

	原級	比較級	最上級
多くの語：原級に **-er**、**-est** をつける			
	tall	tall**er**	tall**est**
	clever	clever**er**	clever**est**
-e で終わる語：**-r**、**-st** をつける			
	large	large**r**	large**st**
	nice	nice**r**	nice**st**
〈子音字＋ y〉で終わる語：y を i に変えて **-er**、**-est** をつける			
	happy	happ**ier**	happ**iest**
	early	earl**ier**	earl**iest**
〈短母音＋ 1 子音字〉で終わる語：子音字を重ねて **-er**、**-est** をつける			
	big	big**ger**	big**gest**
	hot	hot**ter**	hot**test**
比較的長い語は **more**、**most** を前に置く			
	beautiful	**more** beautiful	**most** beautiful
	difficult	**more** difficult	**most** difficult
不規則変化			
	good	**better**	**best**
	bad	**worse**	**worst**

比較ルールを定着！

英作文エクササイズ

日本語の意味に合うように、(　　　)内の単語を使って英文を作ってみましょう。形容詞は変化させる必要があるものもあります。

❶ (tall) 彼女の弟は彼女より背が高い。 ☞ルール 36

❷ (tired) 私はあなたと同じぐらい疲れている。 ☞ルール 38

❸ (busy) 彼のボスは彼よりも忙しい。 ☞ルール 36

❹ (novel / interesting) この小説はあの小説ほど面白くはない。 ☞ルール 38

❺ (difficult) これが全ての中で最も難しい質問だ。 ☞ルール 40

❻ (popular) 何が日本で一番人気があるスポーツですか。 ☞ルール 40

正解・解説

❶ **Her brother is taller than her[she is].**
（彼女の弟は彼女より背が高い）

tall の比較級は tall**er**。

❷ **I am as tired as you[you are].**
（私はあなたと同じぐらい疲れている）

tired（疲れた）

❸ **His boss is busier than him[he is].**
（彼のボスは彼よりも忙しい）

busy は〈子音字＋ y〉で終わる語なので、比較級は **y を i に変えて -er** をつけた bus**ier**。

❹ **This novel is not as interesting as that novel [novel is].**（この小説はあの小説ほど面白くはない）

〈not as[so] 原級 as〉で「**…ほど～ない**」の形。

❺ **This is the most difficult question of all (the questions).**（これが全ての中で最も難しい質問だ）

difficult の最上級は **most** difficult。

❻ **What is the most popular sport in Japan?**
（何が日本で一番人気があるスポーツですか）

popular「人気がある」の最上級は **most** popular。

DAY 1 2 3 4 5 6 7 8 9 10

比較ルールを定着！

音読エクササイズ

シチュエーション▶「クラスの友達」

❶ John is / **as smart** / **as** Sally.
ジョンは～です　同じくらい賢い　サリーと

❷ Sally is / **the kindest** / **in** the class.
サリーは～です　最も親切な　クラスで

❸ John's jokes are / **funnier than** mine.
ジョンのジョークは～です　私のより面白い

❹ John is not / **as popular as** / Sally is.
ジョンは～ではありません　同じくらい人気がある　サリーは～です

❺ John is / **the** second **most popular** student / of all the students.
ジョンは～です　２番目に人気の生徒　全ての生徒の中で

❻ John is / **taller than** / any other student / in the class.
ジョンは～です　より背が高い　他のどの生徒　クラスの

1. シチュエーションを思い浮かべながら、まず音読を5回しましょう。
2. つまらずにスラスラ言えるようになったら、今度は口でもぶつぶつと英語を言いながら書いてみましょう。
3. 覚えてしまうまで毎日、音読を続けましょう！

訳・解説

❶ ジョンはサリーと同じぐらい賢い。

smart は **clever** でもOK。as を前置詞でなく**従属接続詞**と見れば、**... as Sally is.** にすることも可能です。

❷ サリーはクラスで一番親切な生徒だ。

Sally is the kindest **student** ... とすることも可能です。

❸ ジョンのジョークは私のよりも面白い。

mine は **my jokes** にすることも可能です。比較対象のAとBは同等のものでなければならないので、mine(=my jokes) を **me にしないこと。**

❹ ジョンはサリーほど人気ではない。

as を**前置詞**と見れば、最後の **is を削除**することもできます。

❺ ジョンは全生徒の中で2番目に人気の生徒だ。

〈the **序数** 最上級〉は「**…番目に〜**」なので、「2番目に人気の生徒」は the **second** most popular student となる。最後の the students を省略して、John is ... student **of all**. としてもよい。

❻ ジョンはクラスの他のどの生徒よりも背が高い。

〈比較級 ＋ **than any other** 単数名詞〉とすれば「**他のどの生徒**（1人）**よりも〜**」の意味となり、**比較級を用いて最上級の意味を表す**ことができます。John is **the tallest** (student) in the school. と書き換えられます。

復習エクササイズ！

英作文エクササイズ

「ヒント」を参考にして、次の日本語を英語にしてみましょう。 33

❶ 今日、私はすることがたくさんあります。

ヒント 不定詞の形容詞的用法

❷ 私はあなたから連絡をもらって幸せです。

ヒント 原因・理由を表す不定詞の副詞的用法
「〜から連絡をもらう」は hear from

❸ 彼らは大声で雑談しながらその部屋に入った。

ヒント 現在分詞で副詞の働きをします。「雑談する」は chat

❹ その丘は雪におおわれて美しく見えた。

ヒント 過去分詞で副詞の働きをします。「丘」は hill

❺ 何か書くものを持っていますか。

ヒント （ペンなどの）道具の所持をたずねる疑問文。不定詞の形容詞的用法を使いましょう。

正解・解説

❶ I have a lot of things to do today.

不定詞 to do 「するための」が名詞 things を後ろから修飾しています。

⇒ルール 31

❷ I am happy to hear from you.

不定詞を使った to hear from you の部分が I am happy の原因・理由を表しています。

⇒ルール 32

❸ They entered the room, chatting loudly.

現在分詞 chatting 以降が付け加えた状況説明（付帯状況）で、chatting 以降が文全体を修飾する副詞の働きをしています。

⇒ルール 34

❹ The hill looked beautiful, covered with snow.

過去分詞 covered 以降が付帯状況で、covered 以降が文全体を修飾する副詞の働きをしています。

⇒ルール 35

❺ Do you have something to write with?

不定詞 to write with 「使って書くための」が something という名詞を後ろから修飾して something to write with で「(ペンなど) 何か書くもの」という意味になります。

⇒ルール 31

音読エクササイズ

「海外留学」の会話場面をイメージしながら、👩と🐤の会話を音読練習してみましょう。不定詞や分詞の役割を感じながら、👩と🐤それぞれの役になりきって、ロープレ練習もしてみましょう。 34

Sure. What's up?

I'm thinking of **studying** abroad next year.

Wow. It'll be a good opportunity **to broaden** your horizons.

Yes. I'll apply for some scholarships **to cover** the cost.

Then, you have to study harder **to win** a scholarship.

Of course I know.

I'm glad **to hear** that.

1. まずは通して５回音読しよう！
2. スラスラ言えるようになったら、ノートに書き取ろう！
3. 暗唱を目指して毎日音読を続けよう！

訳・解説

お母さん、今、話をする時間ある？

to talk の部分が不定詞の形容詞的用法で、time を修飾しています。

いいよ。どうしたの？

What's up? は口語で「どうしたのか」「何が起きているのだ」。

来年、海外留学することを考えているんだ。

studying の部分が動名詞です。study abroad 海外に留学する

わあ。視野を広げるいい機会だね。

to broaden の部分が不定詞の形容詞的用法で、opportunity を修飾しています。broaden 人's horizons は「(人)の視野を広げる」

そう。私は費用を賄うためにいくつかの奨学金を申し込むつもり。

to cover の部分が「目的」を表しています。apply for a scholarship「奨学金に応募する」

じゃあ、奨学金を得るために、もっと一生懸命勉強しなければならないよ。

不定詞 to win の部分が have to study harder の「目的」を表しています。

もちろん分かっているよ。

それを聞いてうれしいよ。

to hear の部分が I am glad の「原因」を表しています。

音読エクササイズ

「展望台」から見えるであろう景色をイメージしながら、6つのセンテンスを音読練習してみましょう。比較の表現とその意味を意識しながら何度も繰り返しましょう。

❶ That house / is **bigger than** / ours.
あの家は　より大きい　我々のもの

❷ That building / is **higher than** / this one.
あの建物は　より高い　この建物

❸ New York / is **the busiest** city / **in** the world.
ニューヨークは　最もにぎやかな街だ　世界で

❹ This / is **the most beautiful** view / **in** the city.
これは　最も美しい眺めだ　この街で

❺ The cars below / look **as small** / **as** toys.
下の車は　同じくらい小さく見える　おもちゃと

❻ Now / is **the happiest** time / **in** my life.
今は　最も幸せな時だ　私の人生で

1. まずは通して５回音読しよう！
2. スラスラ言えるようになったら、ノートに書き取ろう！
3. 暗唱を目指して毎日音読を続けよう！

訳・解説

❶ あの家は私たちの家より大きい。

ours を our house としてもよい。

❷ あのビルはこちらのビルよりも高い。

higher を taller とすることも可能。代名詞 one は building としてもよい。

❸ ニューヨークは世界で最もにぎやかな都市だ。

形容詞 busy の最上級は busiest。

❹ これは市内で最も美しい眺めだ。

beautiful の最上級は most beautiful。view は「眺め；景色」の意味。

❺ 下の車はおもちゃと同じぐらい小さく見える。

below は「下に」、look は「～のように見える」の意味。

❻ 今が私の人生で一番幸せな時だ。

DAY 9

関係詞

関係代名詞の基本／主格の who と which／所有格の whose／目的格の who(m) と which／使える関係代名詞 that

RULE ルール 41

関係代名詞の基本：後ろから先行詞を修飾する！

まずは関係代名詞について。**関係代名詞**を用いると、語句を**後ろから修飾する**ことができます。

例えば「私は仏語を話す男性を探している」を表す英文、We are looking for a man **who** speaks French. は、**man を下線部が後ろから修飾**しています。修飾される語 man を**先行詞**と呼びます。この文では関係代名詞 who を用いていますが、どの関係代名詞を用いるかは**先行詞**と下線部での働き（主語の働き、目的語の働きなど）によって決まります。

音読センテンス

□ **We met a person who lives in Kyoto.**

先行詞　関係代名詞

私たちは京都に住む人に会った。

★ 先行詞 person を下線部分が後ろから修飾しています。person **who** lives in Kyoto で（京都に住む人）という意味です。関係代名詞は who が用いられています。

まとめてcheck!　関係代名詞の先行詞と格

先行詞	主格(主語)	所有格	目的格（目的語）
人	who	whose	who / whom
物(事)、動物	which	whose / of which	which
人、物(事)、動物	that	―	that

ここがポイントだ！

先行詞が人なら **who**、モノなら **which**、どちらにも使えるのは **that**。先行詞を後ろから修飾しますが、**前から理解していきましょう**。例えば He is the artist who painted this wall.（彼がアーティストで who（彼が）この壁を塗った）のように。

RULE
ルール 42
主格の関係代名詞は、先行詞が人ならwho、物ならwhich

関係代名詞の働きが主語の場合、**主格の関係代名詞**を用います。主格の関係代名詞は、**先行詞が人なら who、物なら which** です。音読センテンスを見て、しくみを理解しながら音読練習をしていきましょう。

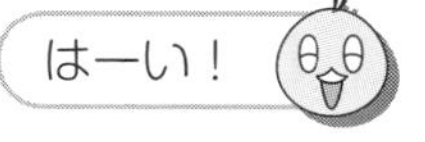

音読センテンス

□ **Chris is a man who can keep a secret.**

先行詞　主格

クリスは秘密を守れる男だ。

Chris is a man. + He can keep a secret.

☞ He は動詞 can keep の主語

クリスは男だ。　彼は秘密を守れる。

★ Chris is a man. と He can keep a secret. において、man と He は同一人物。音読英文の**先行詞は人**（man）で、関係代名詞 **who** は**主格**（主語）の代名詞 **He** の働きをしています。なお、This is a new project which will start next year.（これは来年始まる新しいプロジェクトだ）の which は、先行詞が物事（project）の場合の主格の関係代名詞です。

RULE ルール43

所有格の関係代名詞は、先行詞が人でも物でも whose

関係代名詞の働きが**所有格**の場合、**所有格の関係代名詞**を用います。所有格の関係代名詞は、**先行詞が人でも物でも共に whose** です。音読センテンスを見て、しくみを理解しながら音読練習をしていきましょう。

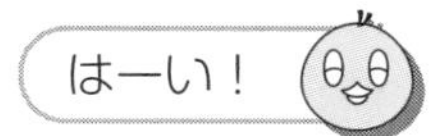

音読センテンス

□ **I have a friend whose mother is a doctor.**

先行詞　所有格

私には母親が医者の友人がいる。

I have a friend. + Her mother is a doctor.

私は友人がいる。　彼女の母親は医者だ。

★ I have a friend. と **Her** mother is a doctor. において、friend と **Her** は同一人物。音読英文の**先行詞は人**（friend）。関係代名詞 **whose** は所有格の代名詞 **Her** の働きをしています。なお、There is a room **whose** door is locked.（ドアに鍵がかかっている部屋がある）の **whose** は、**先行詞が物**（room）の場合の所有格の関係代名詞です。

RULE ルール 44

目的格の関係代名詞は、先行詞が人= who(m)、物= which

関係代名詞の働きが目的語の場合、**目的格の関係代名詞**を用います。目的格の関係代名詞は、**先行詞が人なら who か whom、物なら which** です。

whom…フームフムフム…。

whom は**堅い文章**以外ではほぼ使われず、**who を使うことが多い**です。なお、目的格の関係代名詞は、**口語ではふつう省略されます。**

音読センテンス

☐ **The person (who[whom]) I respect is Gandhi.**

先行詞　目的格

私が尊敬する人はガンジーだ。

The person is Gandhi. + I respect him.

☞ him は動詞 respect の目的語

その人はガンジーだ。　私は彼を尊敬する。

★ The person is Gandhi. と I respect **him**. において、person と him は同一人物。音読英文の**先行詞は人**（person）。関係代名詞 **who, whom** は目的格の代名詞 **him** の働きをしています。なお、This is the report (which) I read last night.（これは昨夜私が読んだ報告書だ）の **which** は、先行詞が物（report）の場合の目的格の関係代名詞です。

DAY 1 DAY 2 DAY 3 DAY 4 DAY 5 DAY 6 DAY 7 DAY 8 DAY 9 DAY 10

関係代名詞 that は who や which の代わりに使える！

関係代名詞 **that** には**主格か目的格しかありません。**

つまり**所有格はない**ということですね？

その通り。that は先行詞に関係なく**人でも物でも使える**ので、who[whom] や which の代わりに使うことができるのです。

音読センテンス

□ **He is a man that you can trust.**

先行詞　目的格

彼は信頼できる男だ。

★ 人を先行詞とする目的格の who[whom] を使った He is a man **who[whom]** you can trust. で、**who[whom] の代わりに**目的格の that を用いています。他の例で、物を先行詞とする文 He opened the package **which** came this morning.（彼は今朝来た小包を開けた）でも、**which の代わりに that を使うことも可能**です。package は「（中小型の梱包した）荷物；小包」の意味。

関係詞　まとめ！

ちょっと難しそうに見える関係代名詞について、
ズバッとおさらいしましょう！

◆ 後ろから先行詞を修飾する！

関係代名詞は、**語句を後ろから修飾**することができる！

修飾される語を**先行詞**と呼ぶ！

関係代名詞には種類があり、
どれを用いるかは**先行詞と格**（働き）によって決まる！

◆ 関係代名詞が主語の役目をする「主格」

先行詞が**人**なら **who** を、**物**なら **which** を使う！

This is a new project.　＋　The project will start next year.

This is a new project **which** will start next year.（これは来年始まる新しいプロジェクトだ）

先行詞　**主格**

◆ 関係代名詞が「所有格」の代名詞の役目をする

先行詞が**人**でも**物**でも **whose** を使う！

There is a room.　＋　The room's door is locked.

There is a room **whose** door is locked.（ドアに鍵がかかっている部屋がある）

先行詞　**所有格**

◆ 関係代名詞が目的語の役目をする「目的格」

先行詞が**人**なら **who か whom** を、**物**なら **which** を使う！

ただし whom は堅い文章以外では**ほぼ使われず、**
who を使うことが多い！

目的格の関係代名詞は、**口語ではふつう省略される！**

This is the report.　＋　I read the report last night.

This is the report (**which**) I read last night.（これは昨夜私が読んだ報告書だ）

先行詞　**目的格**

◆ 関係代名詞 that はかなり便利！

関係代名詞 that は先行詞に関係なく**人でも物でも使える！**

つまり who[whom] や which の代わりに使える！

ただし **that** には**主格か目的格しかない**＝所有格がない！

He opened the package. + The package came this morning.

He opened the package **which** came this morning.（彼は今朝来た小包を開けた）

先行詞　**主格⇒ that でも OK!**

関係代名詞ルールを定着！

英作文エクササイズ

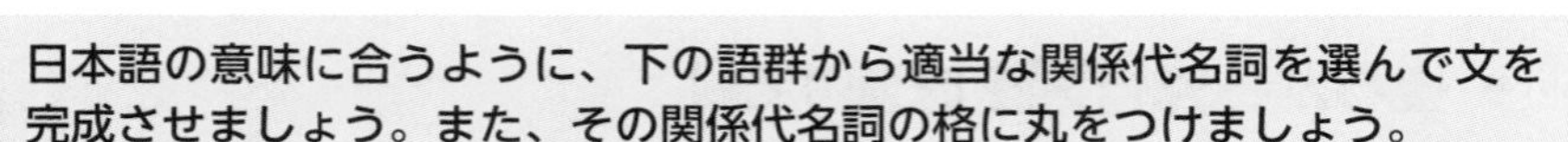

日本語の意味に合うように、下の語群から適当な関係代名詞を選んで文を完成させましょう。また、その関係代名詞の格に丸をつけましょう。

❶ She has a friend (　　　) lives in London.
彼女にはロンドンに住む友人がいる。　[主格　所有格　目的格]

❷ This is the shirt (　　　) I bought yesterday.
これは私が昨日買ったシャツです。　[主格　所有格　目的格]

❸ I know a woman (　　　) is bilingual.
私は２か国語を話す女性を知っている。　[主格　所有格　目的格]

❹ You need a friend (　　　) you can trust.
あなたには信用できる友人が必要だ。　[主格　所有格　目的格]

❺ I met a girl (　　　) brother works as an IT engineer.
兄がIT技術者として働く少女に会った。　[主格　所有格　目的格]

❻ The person (　　　) he respect is his mother.
彼が尊敬する人は母親だ。　[主格　所有格　目的格]

選択肢　who　whose　which

音声を使って、耳と
口を使った英作文練
習もやってみてネ！

正解・解説

❶ **She has a friend (who) lives in London.**　**[主格]**

先行詞は friend で "**人**"。関係代名詞 who は下線部の**主語の働き**をしているので主格。

❷ **This is the shirt (which) I bought yesterday.**
[目的格]

先行詞は shirt で "**物**"。関係代名詞 **which** は下線部の動詞 bought の**目的語の働き**をしているので目的格。buy「～を買う」の活用は **buy- bought- bought**

❸ **I know a woman (who) is bilingual.**　**[主格]**

先行詞は woman で "**人**"。関係代名詞 who は下線部の**主語の働き**をしているので主格。

❹ **You need a friend (who) you can trust.**　**[目的格]**

先行詞は friend で "**人**"。関係代名詞 who は下線部の動詞 can trust の**目的語の働き**をしているので目的格。whom を入れることも可能。

❺ **I met a girl (whose) brother works as an IT engineer.**　**[所有格]**

先行詞は girl で "**人**"。下線部で whose brother は her (=a girl's) brother の **her の働き**をしているので所有格。

❻ **The person (who) he respects is his mother.**
[目的格]

先行詞は person で "**人**"。関係代名詞 who は下線部の動詞 respect の**目的語の働き**をしているので目的格。whom を入れることも可能。

DAY 1
DAY 2
DAY 3

関係代名詞ルールを定着！

音読エクササイズ

シチュエーション▶「読んだ本について友人と話す」

The book which I read last night was so good.

What's it about?

It's about a woman **who** works as a spy.

That sounds interesting. Can I borrow the book?

Sure. I have it now. Here you are.

Thanks! This is the book **which** you were talking about.

1. シチュエーションを思い浮かべながら、まず音読を5回しましょう。
2. つまらずにスラスラ言えるようになったら、今度は口でもぶつぶつと英語を言いながら書いてみましょう。
3. 覚えてしまうまで毎日、音読を続けましょう！

訳・解説

私が昨夜読んだ本はとてもよかった。

先行詞は book で " 物 "。関係代名詞 **which** は目的格で、後ろの動詞 read の**目的語の働き**をしている。

どういう話なの？

スパイとして働く女性の話だよ。

先行詞は woman で " 人 "。関係代名詞 **who** は主格で、後ろの動詞 works の**主語の働き**をしている。

それはおもしろそうだね。その本を借りてもいい？

borrow は「～を借りる」という意味。

いいよ。今持ってるんだ。はい、どうぞ。

Here you are. は「(相手に物を差し出して) **さあどうぞ**」という意味で、会話でよく使う表現です。

ありがとう！ これがあなたが話していた本なのね。

先行詞は book で " 物 "。関係代名詞 **which** は目的格で、後ろの動詞 talk about の**目的語の働き**をしている。

DAY 10

「て・に・を・は」のような役割をするのが前置詞！　前置詞は名詞、接続詞は文が続く！

前置詞・接続詞

時間・曜日の at, on, in ／場所の in, at, on ／方向性の to, into ／手段や動作主の by ／名詞・形容詞と前置詞／接続詞

RULE ルール46 時間・曜日関連には at, on, in を使う

例えば「９時に伺います」と言いたい場合、I'll come **at** nine (o'clock). と、前置詞 **at** を使います。

atに時刻をくっつけるんですね！

他に、at **midnight**（真夜中に）、at **the same time**（同時に）などにも使えます。曜日には **on** を使って **on** Monday（月曜日に）としますが、月や年には **in** May（５月に）や **in** 2020（2020年に）などのように **in** を使います。

音読センテンス

□ **This temple was built in 1570.**

この寺は1570年に建てられました。

★ **西暦**の前には **in** を使います。**世紀**の場合は in the 16th century（16世紀に）と表現します。「**〜年代**」も in the 1570's（1570年代に）と **in** を使います。また、「1570年の９月に建てられた」と言いたい場合は、This temple was built **in** September, 1570. と表現し、「1570年９月20日に」と言いたい場合は、**on** 20(th) September 1570 や **on** September 20(th), 1570 となります。

ここがポイントだ！

The bag is **on** the table.（バッグはテーブルの上にある）のように**前置詞の後には名詞**、It rained, **but** we went out.（雨が降ったが、私たちは出かけた）のように**接続詞の後には文が続きます。**

RULE ルール 47

場所には in, at, on を使う

次は場所を表す前置詞。**in** the café（カフェの中で）のように **in** を使うと**建物の内側**、**at** the café と **at** を使えば、カフェという**場所を地点として見ている**イメージになります。

ふむふむ……。

また、**on** は a spider **on** the ceiling（天井にいるクモ）のように、何かに**接触している**場合に使います。

音読センテンス

□ **There were a lot of people in the supermarket.**

スーパーマーケットには大勢の人がいた。

★スーパーマーケットの**内側に視点**があります。I'm waiting for you **in** the building.（あなたをビルの中で待っています）のように「内側」を言いたい場合は **in** を使います。例えば「スーパーマーケットの**ところを**右に曲がってください」と言いたい場合は、Turn left **at** the supermarket. と言います。この場合は、スーパーマーケットを**一つの地点として見ている**わけです。

RULE
ルール 48

方向性を表現する to, into

方向性を表す前置詞もあります。

方向性…？

例えば「マキは**学校へ**行った」という文は、学校の方へ向かうことを表しますが、英語では Maki went **to** school. となり、この **to** が、学校という**方向へ向かうことを示します**。また、go **into** the room（部屋に入る）のように **into** は、**中へと入っていくイメージ**があります。

音読センテンス

☐ **I'll drive to the airport.** 空港へ運転して行きます。

★ 空港へという**方向**を示すために to を用いています。How can I get **to** your office?（あなたの事務所**には**どのように行けばいいですか）の get **to** ～ は「**～に**到着する」という意味合いです。I've been **to** Hong Kong.（香港へ行ったことがある）の to も**方向**を表現しています。また、時間を表現するときに、It's a quarter **to** seven.（7時15分**前**）と表現でき、この to も7時に**向かって**15分、という**方向**を示しています。

RULE ルール49

手段や動作主は by を使う

次は手段を表す前置詞です。

手段……「自転車で」とかのことでしょうか？

その通り！　交通手段を表す「自転車**で**（by bike）」や「列車**で**（by train）」などや、通信手段を表す「メール**で**（by email）」や「電話**で**（by phone）」などがまず挙げられます。また、「この小説はとても人気がある歌手**によって**書かれた」と「（人）によって」を表現したりする場合にも by を使います。

音読センテンス

□ **Would you like to pay by credit card or in cash?**

クレジットカードで支払われますか、それとも現金ですか。

★ この例文にあるように、**カードで**支払う場合は pay **by credit card** と言いますが、**現金で**、と言う場合は **in cash** となります。また手段を表現する場合、by car や by phone のように by の後に、**a や the や my などが不要**な点にも注意しましょう。「私の車で」と言いたい場合は、We'll come in my car.（我々は、私の車で行きます）のように **in を使います**。

□ **This novel was written by a very popular singer.**

この小説はとても人気がある歌手によって書かれた。

DAY 1 DAY 2 DAY 3 DAY 4 DAY 5 DAY 6 DAY 7 DAY 8 DAY 9 DAY 10

名詞や形容詞の後ろでもよく働く前置詞

前置詞の最後は丸覚え推奨のフレーズについて。

なんだか便利そう…！

そうなのです。例えば、a reason **for** A（Aの理由）、a solution **to** A（Aの解決策）、difference **between** A and B（AとBの違い）などのように、**名詞の後に前置詞**を置いたり、It's very kind **of** you.（ご親切にどうも）や He was angry **with** me.（彼は私に怒っていた）などのように、**形容詞の後に前置詞**を置くこともあります。これらは**決まったフレーズとして覚えておくと便利**なのです。

音読センテンス

□ **That's very kind of you to say so.**

そのように言ってくださって、とても嬉しいです。

★ 直訳すれば、「そのように言ってくださって、あなたはとても親切だ」となりますが、「そう言ってもらってとても嬉しい」という**気持ちを伝えることができる**フレーズです。That's の部分は **It's** もよく使われます。**How kind of you.** だけでも「ご親切にどうも」「あなたはなんて優しいのだろう」という**気持ち**を表現するフレーズです。

「〜だが」を意味する接続詞をマスター！

「〜だが」はbutではないのですか？

それはそうなのですが、他にもいくつか覚えておきたい表現があるのです。それは **although** と **though** と **even though** です。例えば「雨が降った**が**楽しかった」と言いたい場合、**逆接の but** を使い、It rained, **but** we had a good time. と言います。although を使うと、**Although** it rained, we had a good time. となります。though も although に近い意味合いで使えるのですが、会話ではよく We had a good time, it rained **though**. のように文の最後に使われます。**even though** は、although **より強い意味合い**になります。

音読センテンス

□ **We arrived on time although the traffic was heavy.**

渋滞していたが、時間通りに着いた。

★ もちろん、**Although** the traffic was heavy, we arrived on time. とも言えます。また but を使えば The traffic was heavy, **but** we arrived on time. となります。although に似た意味を持つ表現には他に **in spite of** や **despite** がありますが、これらは前置詞なので **In spite of** **[Despite]** the heavy traffic, we arrived on time. のように名詞句を続けます。

英作文エクササイズ

「ヒント」を参考にして、次の日本語を英語にしてみましょう。

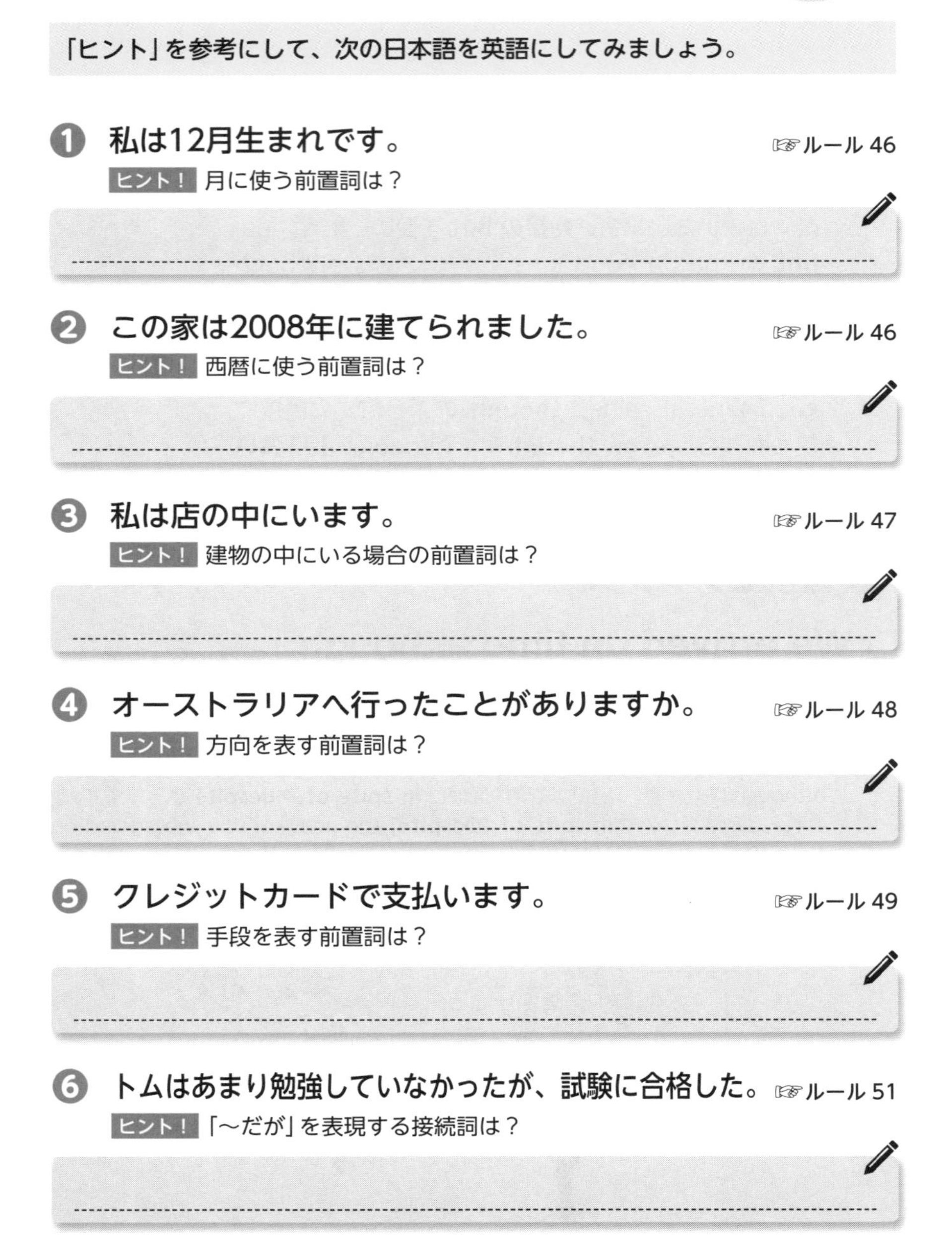

❶ 私は12月生まれです。 ☞ルール 46

ヒント！ 月に使う前置詞は？

❷ この家は2008年に建てられました。 ☞ルール 46

ヒント！ 西暦に使う前置詞は？

❸ 私は店の中にいます。 ☞ルール 47

ヒント！ 建物の中にいる場合の前置詞は？

❹ オーストラリアへ行ったことがありますか。 ☞ルール 48

ヒント！ 方向を表す前置詞は？

❺ クレジットカードで支払います。 ☞ルール 49

ヒント！ 手段を表す前置詞は？

❻ トムはあまり勉強していなかったが、試験に合格した。 ☞ルール 51

ヒント！ 「〜だが」を表現する接続詞は？

正解・解説

❶ I was born in December.

月に使う前置詞は in です。例えば「12月24日生まれです」と日付を言いたい場合は、I was born **on** December 24th. で on を使います。

❷ This house was built in 2008.

西暦には **in** を使います。

❸ I'm in the shop.

in または inside を使うことで**建物の内側**にいる状態を表現できます。I'm **at** the shop. と言えば、店についてはいるが、**中にいるのか外にいるのかはわからない**状態になります。

❹ Have you ever been to Australia?

have been to... は「〜へ行ったことがある」という経験を表現します。**to** はその後に来る**場所へ向かう**意味合いを持つ前置詞です。

❺ I'll pay by credit card.

手段を表現する場合の前置詞 **by** を使います。

❻ Although he didn't study hard, Tom passed the exam.

Tom passed the exam **although** he didn't study hard. や Tom didn't study hard, **but** he passed the exam. なども正解です。また会話では Tom passed the exam, he didn't study hard **though**. などもよく使われます。

DAY 1 DAY 2 DAY 3 DAY 4 DAY 5 DAY 6 DAY 7 DAY 8 DAY 9 DAY 10

前置詞接続詞ルールを定着！

音読エクササイズ

シチュエーション▶「旅先で」

❶ The nearest post office is / **at** the corner.
いちばん近い郵便局はある　その角に

❷ The famous twins were born /
その有名な双子は生まれた
on January 20th, 1997.
1997年１月20日に

❸ There's no one / **in** the church.
だれもいない　その教会の中に

❹ The event will be held / **on** the third floor.
そのイベントは行われる　３階で

❺ Please get out / of the bus / and wait for me /
どうか降りて　バスを　そして私を待つ
inside the shop.
店内で

❻ **Although** / they had little money, /
だが　彼らはお金をほとんど持っていない
they were very happy.
彼らはとても幸せだった

❼ This town became popular / **although** /
この町は人気になった　しかし
they have / no recreational facilities.
彼らは持つ　娯楽施設なし

1. シチュエーションを思い浮かべながら、まず音読を5回しましょう。
2. つまらずにスラスラ言えるようになったら、今度は口でもぶつぶつと英語を言いながら書いてみましょう。
3. 覚えてしまうまで毎日、音読を続けましょう！

訳・解説

❶ いちばん近い郵便局は、角にあります。

at the corner で「角（の所）に」を表します。なお、この英文は、**There's the nearest post office at the corner.**（角に、一番近い郵便局がある）としても同意になります。

❷ かの有名な双子は1997年1月20日に生まれました。

西暦、**月だけ**の場合は **in** を使いますが、この例文のように**日付と西暦を並べる**場合は、**最初に on** を使い、西暦の前には**何もつけません**。

❸ その教会の中には、誰もいません。

建物の中に視点がある場合は、この例文のように **in** を使います。**at** を使うと、教会の外側に視点が移ります。

❹ このイベントは3階で行われます。

建物の2**階**3**階**などを示す場合は **on** を用い、この例文のように**序数詞**を続けます。この英文は、The event will be on the third floor. として、held（hold の過去・過去分詞）を省略しても意味が通じます。

❺ バスを降り、店内で私をお待ちください。

get out of「～から出る；下車する」という意味があります。**inside** は「～の内側で」などの意味を持つ前置詞です。

❻ お金はほとんどありませんでしたが、彼らはとても幸せでした。

They had little money, **but** they were very happy. としても同意になります。little は「ほとんどない」、a little は「少しはある」の意味合いで、数えられない名詞に使います。数えられる名詞なら、few（ほとんどない）と a few（少しはある）を使います。

❼ この町は娯楽施設がないにも関わらず、人気が出ました。

They have no recreational facilities, **but** this town became popular. としても**同意**です。

復習エクササイズ！

音読エクササイズ

「葉書を受け取った」場面をイメージしながら、と の会話を音読練習してみましょう。関係代名詞を含む文の構造を意識しながら、と それぞれの役になりきって、ロープレ練習もしてみましょう。 42

Did you read the email
which I sent you yesterday?

Not yet. What's up?

I received a postcard
which is written in French.

Can you read French?

No. Do you know someone
who can help me?

I have a friend **whose** mother came
from France. I'll ask her for help.

Thank you! You are the person
who[whom] I can rely on.

You're welcome.

1. まずは通して５回音読しよう！
2. スラスラ言えるようになったら、ノートに書き取ろう！
3. 暗唱を目指して毎日音読を続けよう！

訳・解説

私が昨日送ったメールを読んだ？

先行詞は email で“物”。関係代名詞 which は目的格で、動詞 sent の目的語の働きをしている。

まだだよ。どうかしたの？

Not yet. で「まだ」、What's up? で「どうしたのか、何が起こっているのか」を表します。

フランス語で書かれた葉書を受け取ったんだ。

先行詞は postcard で“物”。関係代名詞 which は主格で、is written の主語の働きをしている。

フランス語読めるの？

いいえ。誰か助けてくれる人知っている？

先行詞は someone で“人”。関係代名詞 who は主格で、can help の主語の働きをしている。

私には母親がフランス出身の友人がいるよ。彼女に手助けを頼んでみるね。

先行詞は friend で“人”。whose mother は動詞 came の主語の働きをしている。

ありがとう！　君は頼れる人だ。

先行詞は person で“人”。関係代名詞 who[whom] は目的格で、rely on の目的語の働きをしている。

どういたしまして。

DAY 1 DAY 2 DAY 3 DAY 4 DAY 5 DAY 6 DAY 7 DAY 8 DAY 9 DAY 10

復習エクササイズ!

英作文エクササイズ

「ヒント」を参考にして、次の日本語を英語にしてみましょう。 43

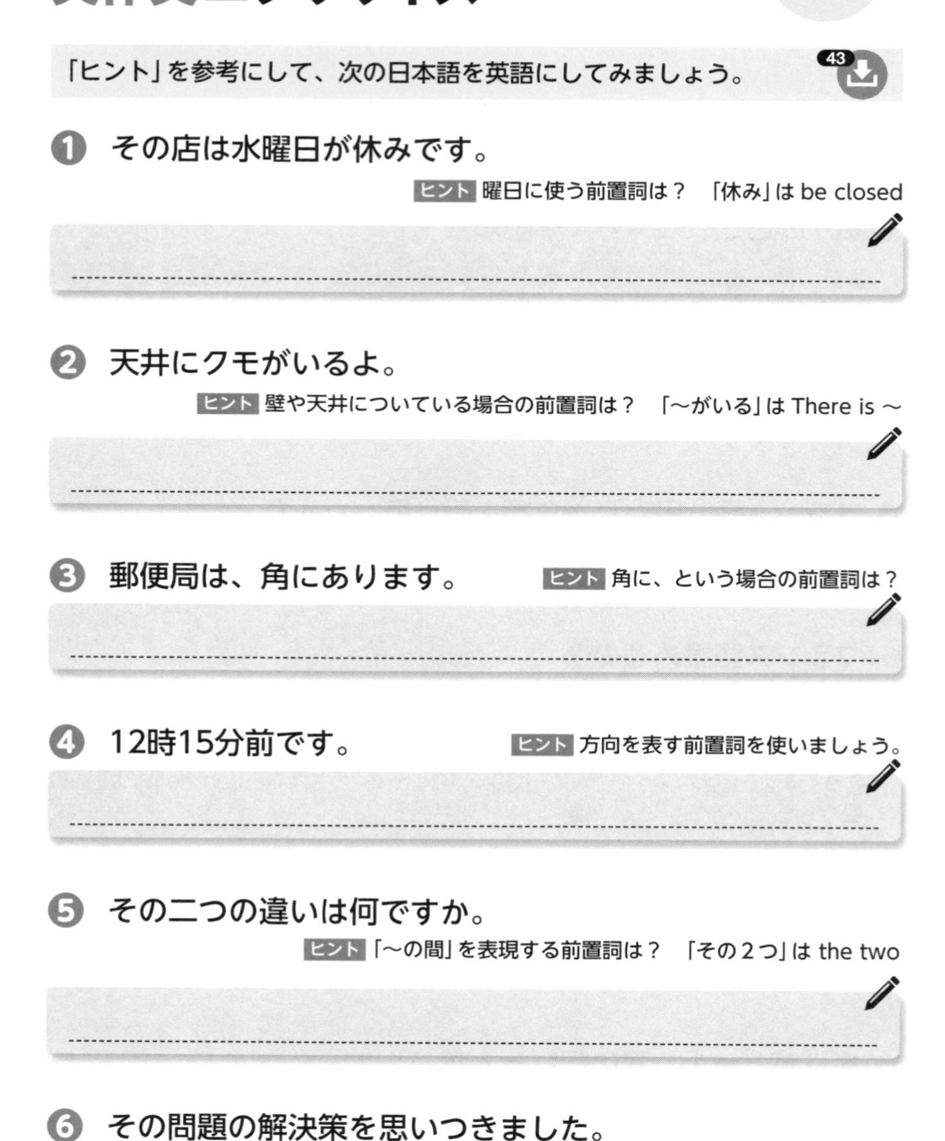

❶ その店は水曜日が休みです。

ヒント 曜日に使う前置詞は？ 「休み」は be closed

❷ 天井にクモがいるよ。

ヒント 壁や天井についている場合の前置詞は？ 「～がいる」は There is ～

❸ 郵便局は、角にあります。

ヒント 角に、という場合の前置詞は？

❹ 12時15分前です。

ヒント 方向を表す前置詞を使いましょう。

❺ その二つの違いは何ですか。

ヒント 「～の間」を表現する前置詞は？ 「その２つ」は the two

❻ その問題の解決策を思いつきました。

ヒント 「～の解決策」はぜひフレーズで覚えましょう。「思いつく」は come up with

正解・解説

❶ The shop is closed on Wednesdays.

曜日に使う前置詞は on です。また Wednesday は複数にすることで「毎週水曜日に」「水曜日ごとに」という意味合いが出ます。 ⇒ルール 46

❷ There's a spider on the ceiling.

on は、接触している状態を示す前置詞です。A spider is on the ceiling. も同意の文になります。 ⇒ルール 47

❸ The post office is at the corner.

at[on] the corner は通りなどの「角に」を意味する表現ですので、フレーズとして覚えておくとよいでしょう。また around the corner は、角を曲がった所に、という意味以外に「すぐ近くに」という意味もあり、Spring is around the corner.（もうすぐ春だ）のように使われます。 ⇒ルール 47

❹ It's a quarter to twelve.

a quarter は1／4ですので、時刻の場合は15分（1時間の1／4）を意味します。11: 45のことを、このように表現することが可能です。 ⇒ルール 48

❺ What's the difference between the two?

between A and B（AとBの間）はセットフレーズとして覚えておきましょう。この文は、Is there any difference between the two?（この2つには何か違いがありますか）のように言うことも可能です。 ⇒ルール 50

❻ I came up with a solution to the problem.

a solution to...、came up with はよく使われる便利なフレーズです。前置詞は正確に使うのが難しくもありますが、まずは時や場所などを示すものを使えるようにし、フレーズも一緒に覚えていくようにすると良いでしょう。

⇒ルール 50

音読エクササイズ

「ショッピング」の場面をイメージしながら、6つのセンテンスを音読練習してみましょう。接続詞や前置詞を意識しながら、何度も繰り返し行っていきましょう。

44

❶ I'll wait / for you / **in** the shop.
私は待つ　あなたを　店の中で

❷ I'd like / to pay / **by** credit card.
私はしたい　払うこと　クレジットカードで

❸ The shop is small, / **but** they carry / interesting items.
その店は小さい　しかし彼らは扱う　おもしろいものを

❹ **If** you / have this / in white, / I'd like to / buy two.
もしあなたが　もつこれを　白で　私はしたい　買う2つ

❺ Kitchen gadgets are / **on** the fifth floor.
台所用品はある　5階に

❻ **Although** / the shop was crowded, / we enjoyed shopping.
ですが　その店は混んでいた　我々は楽しんだ　買い物を

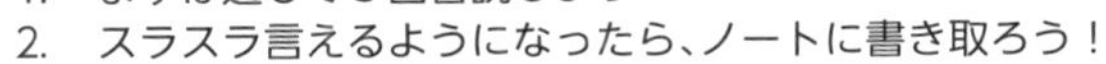

1. まずは通して５回音読しよう！
2. スラスラ言えるようになったら、ノートに書き取ろう！
3. 暗唱を目指して毎日音読を続けよう！

訳・解説

❶ 店の中で、待っています。

in the shop とすることで「店の中」を表現できます。inside the shop としても同意です。

❷ クレジットカードで支払いたいです。

「カードで」という場合は by ですが、「現金で」は in cash です。また by VISA（ビザカードで）のように言う人もいます。

❸ その店は小さいが、面白いグッズがある。

この英文は **Although** the shop is small, they carry... としても同意です。また items の代わりに goods も使えます。goods の方が販売するために製造された「商品」の意味合いが明確に出ますが、item は商品や製品という意味以外に「項目」などの意味もあります。なお、店や会社を代名詞で受ける場合、そこで働く人々に注目して they を使うことが多く、この英文でも the shop を they で受けています。carry は「（商品を）店に置く」の意味です。

❹ これの白があれば２ついただきたいのですが。

シャツなどを手に持ち、商品を this だけで示すことができる、ショッピング時に便利な表現です。

❺ 台所用品は５階にあります。

「～階」は前置詞 on を使います。またこの gadgets は、少し工夫が凝らされた、気が利いた道具などに用いることが多い単語です。

❻ 店は混んでいたが、私たちは買い物を楽しんだ。

この英文は、The shop was crowded, **but** we enjoyed shopping. としても同意です。他にも **Even though** the shop was crowded... なども使えるようにしましょう。

●著者紹介

妻鳥千鶴子　Chizuko Tsumatori

英検1級対策をメインに行うアルカディアコミュニケーションズ主催。バーミンガム大学修士課程（翻訳学）修了（MA）。テンプル大学修士課程（教育学）修了（MS）。近畿大学・関西大学非常勤講師。主な著書は『ゼロからスタート 英会話』『ゼロからスタート 基本動詞』『ゼロからスタート 英単語』『WORLD NEWS BEST30』『すぐに使える英会話超入門』『日常会話から洋画まで全て聞き取れるようになる！ 英語リスニング超入門』（以上、Jリサーチ出版）等。

本書へのご意見・ご感想は下記URLまでお寄せください。
https://www.jresearch.co.jp/contact/

カバーデザイン	根田大輔（Konda design office）
カバーイラスト	木村吉見
本文デザイン・DTP	江口うり子（アレピエ）
本文イラスト	田中斉
英文校正	Patrick R. Polen
ナレーション	Rachel Walzer／Howard Colefield／水月優希

短期完成！ 目・耳・口・手をフル活用！
英文法の基礎　超入門

令和2年（2020年）11月10日　初版第1刷発行

著　者	妻鳥千鶴子
発行人	福田富与
発行所	有限会社　Jリサーチ出版 〒166-0002 東京都杉並区高円寺北2-29-14-705 電話 03(6808)8801(代)　FAX 03(5364)5310(代) 編集部 03(6808)8806
URL	https://www.jresearch.co.jp
印刷所	㈱シナノパブリッシングプレス

ISBN978-4-86392-500-7　禁無断転載。なお、乱丁・落丁はお取り替えいたします。

英語ビギナーにドンピシャリ！

［短期完成］［超入門］シリーズをチェック！！

英会話、はじめの一歩にはこれ！

いちばん大切なことから順に学べる＝即・使える英会話力が身につく！　12日間のインプット＆アウトプット学習でみるみる実力UP！

世界中で使える！ 今から「話せる人」になる！
すぐに使える英会話　超入門

妻鳥 千鶴子 著
ISBN 9784863924369
判型・ページ数　A5 判・128 ページ
価格 本体 1,000 円+税（CD・音声DL付）

英語仕様の耳を育てたいならコレ！

AI 音声認識アプリ［ノウン］付なので聞き取った音をちゃんと発音できているか独学チェックできるよ！！

日本人が苦手な英語独特の音声現象が、しっかり聞き取れるようになる！　12日間のとっておきレッスンでみるみる実力UP！

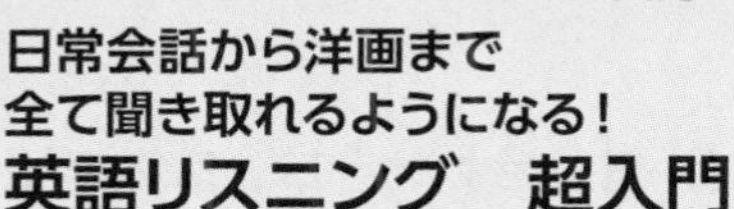

日常会話から洋画まで
全て聞き取れるようになる！
英語リスニング　超入門

妻鳥 千鶴子 著
ISBN 9784863924451
判型・ページ数　A5 判・160 ページ
価格 本体 1,400 円+税（CD・音声DL・ノウンアプリ付）

1ランク上の英会話力を手に入れよう！

「英語で話しかけられるようになったのに、なぜか会話が続かない…」という悩みを解決できる10日間のとっておきプログラム！！

短期完成！
ああ言えば 即こう言う 英会話
10日間100本ノック !!

妻鳥 千鶴子 著
ISBN 9784863924772
判型・ページ数　A5 判・200 ページ
価格 本体 1,000 円+税（CD・音声DL付）

巻末付録

いつでも復習！

英文法ルール＆フレーズカード

カードを使って、英文法ルールがきちんと身についているか、復習をしましょう！

❶英文法ルールを確認しましょう。

❷ルールを意識しながら、日本語フレーズを英語にしてみましょう。

❸(裏の英文を見て）答え合わせをし、音声を聞きながら言ってみましょう。なお、ここで間違えた・わからなかったら本文のDAYに戻って復習しましょう！

音声のトラック番号とカード番号は以下のとおりです。

トラック 45：1 ～ 10
トラック 46：11 ～ 20
トラック 47：21 ～ 30
トラック 48：31 ～ 40
トラック 49：41 ～ 50
トラック 50：51 ～ 60
トラック 51：61 ～ 70
トラック 52：71 ～ 80

1

文法公式

第1文型＝ **S** (主語)＋ **V** (自動詞)

フレーズ

大勢の人がその島へ行きます。

2

文法公式

第2文型＝ **S** ＋ **V** (自動詞) ＋ **C** (補語) (S ＝ C)

フレーズ

ナオは年配の人にとても親切です。

3

文法公式

第3文型＝ **S** ＋ **V** (他動詞) ＋ **O** (目的語)

フレーズ

私は昨年、観光でヨーロッパを訪れました。

4

文法公式

第4文型＝ **S** ＋ **V** (他動詞) ＋ $\mathbf{O_1}$ ＋ $\mathbf{O_2}$

フレーズ

私たちは、あなたに航空券を差し上げましょう。

5

文法公式

第5文型＝ **S** ＋ **V** (他動詞) ＋ **O** ＋ **C** (O ＝ C)

フレーズ

その知らせは彼女をとても幸福にした。

6

文法公式

現在形は「**～である**」「**～する**」＝現在の状態や習慣

フレーズ

私は旅行代理店で働いている。

7

文法公式

現在形 (be動詞) の**否定文**＝**be動詞の後ろに not**

フレーズ

彼は弁護士ではありません。

8

文法公式

現在形 (一般動詞) の**否定文**＝**動詞の前に do[does] not**

フレーズ

私は旅行代理店で働いていません。

9

文法公式

be動詞の**疑問文**＝be動詞を**主語の前に出す**

フレーズ

あなたは高校生ですか。

10

文法公式

一般動詞の**疑問文**＝ do [does/did] を**主語の前に出す**

フレーズ

彼女は旅行代理店で働いていますか?

1 A lot of people go to the island.

S V

(島へ)

→ DAY 1

2 Nao is very kind to elderly people.

S V C

(年輩の人に)

→ DAY 1

3 I visited Europe for sightseeing last year.

S V O

(観光で)

(昨年)

→ DAY 1

4 We will give you a flight ticket.

S V O_1 O_2

→ DAY 1

5 The news made her very happy.

S V O C

→ DAY 1

6 I **work** for a travel agency.

☆代理店で働いているという状態（習慣）を表す。「今まさに行っていること」ではないので注意！

→ DAY 2

7 He **is not** a lawyer.

☆ be動詞＋ not は、isn't や aren't や I'm not の形に省略可能。

→ DAY 2

8 I **do not work** for a travel agency.

☆do notはdon'tと、does notはdoesn'tと省略可能。動詞は原形にする。

→ DAY 2

9 **Are** you a high school student?

☆現在形でも過去形でも、be動詞を主語の前に出せばOK！

→ DAY 2

10 **Does** she work for a travel agency?

☆現在形は do か does を、過去形は did を使う。動詞は原形にする。

→ DAY 2

11
文法公式
過去形は
「〜だった」「〜した」

フレーズ
彼女は去年、200冊の本を読んだ。

12
文法公式
過去形(一般動詞)の**否定文**
=動詞の前に did not

フレーズ
彼女は昨日、ピアノを弾いていません。

13
文法公式
未来形は**「〜するだろう」**

will
be going to } +動詞の原形

フレーズ
私はすぐに英語を習うでしょう。

14
文法公式
未来形の**否定文**=
will や be の後ろに not

フレーズ
私は英語を習う予定はありません。

15
文法公式
未来形の**疑問文**= will や be を**主語の前に出す**

フレーズ
来月、大阪を訪れる予定がありますか。

16
文法公式
進行形は〈**be + 動詞 ing**〉

フレーズ
彼女は今、その本を読んでいるところです。

17
文法公式
進行形の**否定文**
=be動詞の後ろに not

フレーズ
彼女は今、その本を読んでいません。

18
文法公式
進行形の**疑問文**=be動詞を**主語の前に出す**

フレーズ
彼は今、ギターを弾いていますか。

19
文法公式
完了形の用法①
継続:ずっと〜している[いた]

フレーズ
彼はイタリア語を10年間習っている。

20
文法公式
完了形の用法②
経験:〜したことがある[あった]

フレーズ
私はイングランドに行ったことがあります。

11 She **read** 200 books last year.

☆規則動詞は最後に ed をつける。read などの不規則動詞は地道に覚えて！

→ DAY 2

12 She **did not play** the piano yesterday.

☆did not は didn't と省略可能。be 動詞の場合は後ろに not をつける。wasn't や weren't と省略可能。

→ DAY 2

13 I **will** study English soon.

☆「習う予定です」ならbe going toを使う。

→ DAY 2

14 I **am not going to** study English.

☆I'm not going to ... としてもOKです。will not は won't の形に省略可能。

→ DAY 2

15 **Are** you **going to** visit Osaka next month**?**

☆will を使う場合は Will you visit ....? の形。

→ DAY 2

16 She **is** read**ing** the book.

☆過去のある時点での進行形の場合はbe動詞を過去形にする。

→ DAY 2

17 She **is not** read**ing** the book.

☆be動詞＋not は isn't や aren't や I'm not としてもOK！

→ DAY 2

18 **Is** he play**ing** the guitar**?**

→ DAY 2

19 He **has studied** Italian for ten years.

☆現在完了形＝has/have+動詞の過去分詞／過去完了＝had+動詞の過去分詞

→ DAY 2

20 I **have been** to England.

☆現在完了形＝have/has ＋動詞の過去分詞／過去完了＝had ＋動詞の過去分詞

→ DAY 2

21

文法公式

完了形の用法③
完了：～してしまっている［いた］

フレーズ

バスはすでに出てしまった。

22

文法公式

完了形の**否定文**= **have [has/had] の後ろに not**

フレーズ

私はイングランドに行ったことがありません。

23

文法公式

完了形の**疑問文**= have[has/had] を**主語の前に出す**

フレーズ

あなたはイングランドに行ったことがありますか。

24

文法公式

how は「どうか」「どのような（もの・状態）」をたずねる

フレーズ

ここからあなたのオフィスまでどれくらい（の距離）ですか。

25

文法公式

how は「どうか」「どのような（もの・状態）」をたずねる

フレーズ

ここに来るのにどれくらい（の時間が）かかりましたか。

26

文法公式

how は「どうか」「どのような（もの・状態）」をたずねる

フレーズ

今日はどうやってここへ来ましたか。

27

文法公式

what は「何」をたずねる

フレーズ

誕生日に何がほしいですか。

28

文法公式

which は「どれ」「どっち」をたずねる

フレーズ

これとあれどっちがほしい？

29

文法公式

when は「いつ」をたずねる

フレーズ

あなたの誕生日はいつですか。

30

文法公式

when は「いつ」をたずねる

フレーズ

いつ日本語を勉強し始めたのですか。

21 The bus **has** already **left**.

☆現在完了形＝has/have+ 動詞の過去分詞／過去完了＝had+ 動詞の過去分詞

➜ DAY 2

22 I **have not been** to England.

☆have[has/had] not は haven't や hasn't や hadn't と省略してもOK！

➜ DAY 2

23 **Have** you been to England**?**

☆三人称単数が主語の場合は has、過去完了形の場合は had を使う。

➜ DAY 2

24 **How far** is it from here to your office**?**

☆年齢⇒ how **old**、時間⇒ how **long**、距離⇒ how **far**、頻度⇒ how **often**

➜ DAY 3

25 **How long** did it take you to get here**?**

☆年齢⇒ how **old**、時間⇒ how **long**、距離⇒ how **far**、頻度⇒ how **often**

➜ DAY 3

26 **How** did you come here today**?**

☆年齢⇒ how **old**、時間⇒ how **long**、距離⇒ how **far**、頻度⇒ how **often**

➜ DAY 3

27 **What** do you want for your birthday**?**

➜ DAY 3

28 **Which** do you want, this one or that one**?**

➜ DAY 3

29 **When** is your birthday**?**

➜ DAY 3

30 **When** did you start learning Japanese**?**

➜ DAY 3

31
文法公式
who (whose / whom) は「だれ」をたずねる
フレーズ
この課の責任者はだれですか。

32
文法公式
who (whose / whom) は「だれ」をたずねる
フレーズ
これはいったいだれのせいなの?

33
文法公式
where は「どこ」をたずねる
フレーズ
その休みにはどこへ行きたいですか。

34
文法公式
where は「どこ」をたずねる
フレーズ
あなたに会うのにどこが一番いいでしょうか。

35
文法公式
can は「能力」「可能性」を表す
フレーズ
今、話せますか?

36
文法公式
may は「許可(〜してもいい)」「推測(〜かもしれない)」を表す
フレーズ
今夜は雨になるかもしれない。

37
文法公式
will/would は「依頼」「申し出」を表す
フレーズ
何か熱いものはいかがですか?

38
文法公式
must と **have to** は「命令」系
フレーズ
すぐに戻ってきてくださいね。

39
文法公式
「思いやり」の **should**、「脅し」の **had better**
フレーズ
タバコをやめたほうがいいですよ。

40
文法公式
「もし〜すれば」は **If** + 主語 + **現在形**, 主語 + **will**
フレーズ
もしそれを見つけたら、電話します。

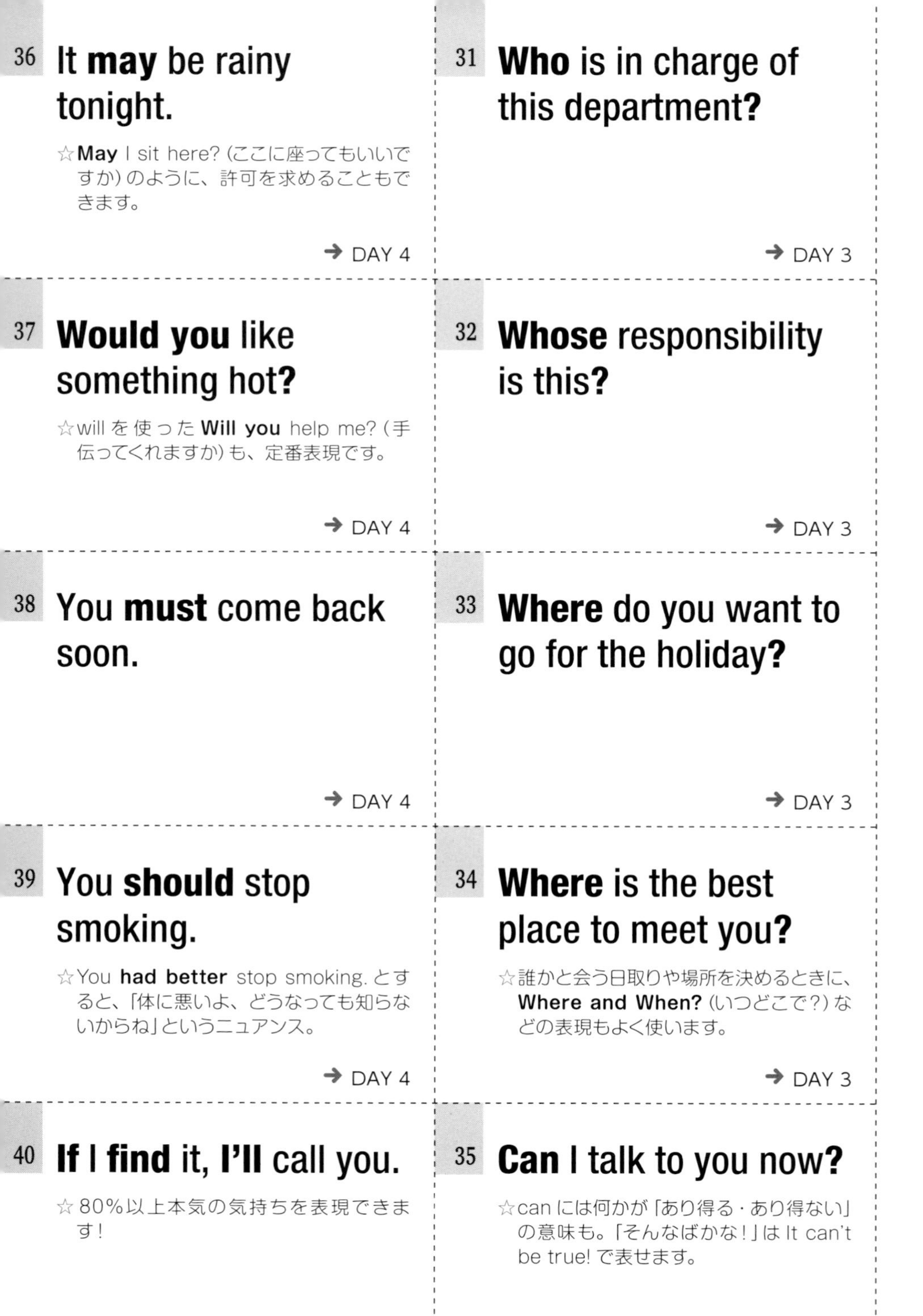

36 It **may** be rainy tonight.

☆**May** I sit here? (ここに座ってもいいですか) のように、許可を求めることもできます。

→ DAY 4

37 **Would you** like something hot?

☆will を使った **Will you** help me? (手伝ってくれますか) も、定番表現です。

→ DAY 4

38 You **must** come back soon.

→ DAY 4

39 You **should** stop smoking.

☆You **had better** stop smoking. とすると、「体に悪いよ、どうなっても知らないからね」というニュアンス。

→ DAY 4

40 **If** I **find** it, **I'll** call you.

☆ 80%以上本気の気持ちを表現できます!

→ DAY 5

31 **Who** is in charge of this department?

→ DAY 3

32 **Whose** responsibility is this?

→ DAY 3

33 **Where** do you want to go for the holiday?

→ DAY 3

34 **Where** is the best place to meet you?

☆誰かと会う日取りや場所を決めるときに、**Where and When?** (いつどこで?) などの表現もよく使います。

→ DAY 3

35 **Can** I talk to you now?

☆can には何かが「あり得る・あり得ない」の意味も。「そんなばかな!」は It can't be true! で表せます。

→ DAY 4

41

文法公式

「もし～だったら」はIf＋主語＋**過去形,** 主語＋**would [should, could, might]**

フレーズ

もし若かったら、数カ国語を学ぶのに。

42

文法公式

「あのとき～だったら」はIf＋主語＋**過去完了形,** 主語＋**would [should, could, might]**＋**現在完了形**

フレーズ

もし彼女に会っていたら、伝えたのに。

43

文法公式

I wish は「かなわぬ願望」を表す

フレーズ

事実を知っていたら良かったのですが。

44

文法公式

unless は否定の条件(もし～でないならば)を表す

フレーズ

今出ないなら、遅れるよ。

45

文法公式

受動態(～される)の基本形は**〈be動詞＋過去分詞形＋by～〉**

フレーズ

このビルは50年前に建てられました。

46

文法公式

受動態の by 以下は省略することも多い

フレーズ

夜には星が見られる。

47

文法公式

受動態の**慣用句**はそのまま覚えよう！

フレーズ

通りは人々であふれている。

48

文法公式

動詞句の受動態は、**前置詞・副詞**を忘れずに

フレーズ

私は子どもたちに笑われた。

49

文法公式

不定詞の名詞的用法は**「～すること」**

フレーズ

その仕事をするのは君にとって簡単です。

50

文法公式

不定詞の形容詞的用法は**「～するための」**

フレーズ

話をする時間がありますか?

46 Stars can **be seen** at night.

☆by の後が不特定多数の場合に、by 以下を省略することが多い。

➜ DAY 6

47 The streets **are filled with** people.

☆**be filled with**（～で満たされる）などよく使う慣用表現はどんどん覚えちゃおう！

➜ DAY 6

48 I **was laughed at** by the children.

☆能動態は The children **laughed at** me. ですので、at を飛ばさないよう注意。

➜ DAY 6

49 It is easy for you **to do** the job.

☆To do the job is easy for you. としても同じ内容を表現できます。

➜ DAY 7

50 Do you have time **to talk**?

☆名詞を後ろから修飾する！

➜ DAY 7

41 **If** I **were** young, I **would** learn some languages.

☆本気の度合いはかなり低いニュアンスを表現。

➜ DAY 5

42 If I **had seen** her, I **would have told** her.

☆後悔する気持ちを表現することもできます。

➜ DAY 5

43 **I wish** I **had known** the truth.

☆I wish に続く文は仮定法過去か過去完了を使います。

➜ DAY 5

44 **Unless** you **leave** now, you'll be late.

☆if not と入れ替え可能だが、unless は過去のことにはあまり使わない。

➜ DAY 5

45 This building **was built** 50 years ago.

☆受動態にできるのは、原則的に目的語がある文です。

➜ DAY 6

51
文法公式
不定詞の副詞的用法は
「**～するために**」など

フレーズ
彼はその試験に合格するため懸命に勉強した。

52
文法公式
動名詞は〈動詞 +ing〉で
名詞の働きをする

フレーズ
私の趣味は古いコインを集めることです。

53
文法公式
現在分詞は〈動詞 +ing〉で
形容詞・副詞の働きをする

フレーズ
眠っているその赤ちゃんは、とてもかわいい。

54
文法公式
過去分詞は〈動詞の過去分詞形〉で
形容詞・副詞の働きをする

フレーズ
その通りは落ち葉でおおわれていた。

55
文法公式
多くの形容詞は
-er をつけて**比較級**を作る

フレーズ
彼は私よりも幸せそうだ。

56
文法公式
多くの形容詞は
-est をつけて**最上級**を作る

フレーズ
サリーはクラスで最も親切です。

57
文法公式
長めの形容詞は **more** を
前に置いて**比較級**を作る

フレーズ
この映画はあの映画よりも面白い。

58
文法公式
長めの形容詞は **most** を
前に置いて**最上級**を作る

フレーズ
この映画は全ての中で最も面白い。

59
文法公式
「**同じぐらい～**」は
〈as +原級+ as〉

フレーズ
私はあなたと同じぐらい疲れている。

60
文法公式
２つを比べて「**より～**」は
〈比較級 + than〉

フレーズ
このタブレットの方があちらのより便利です。

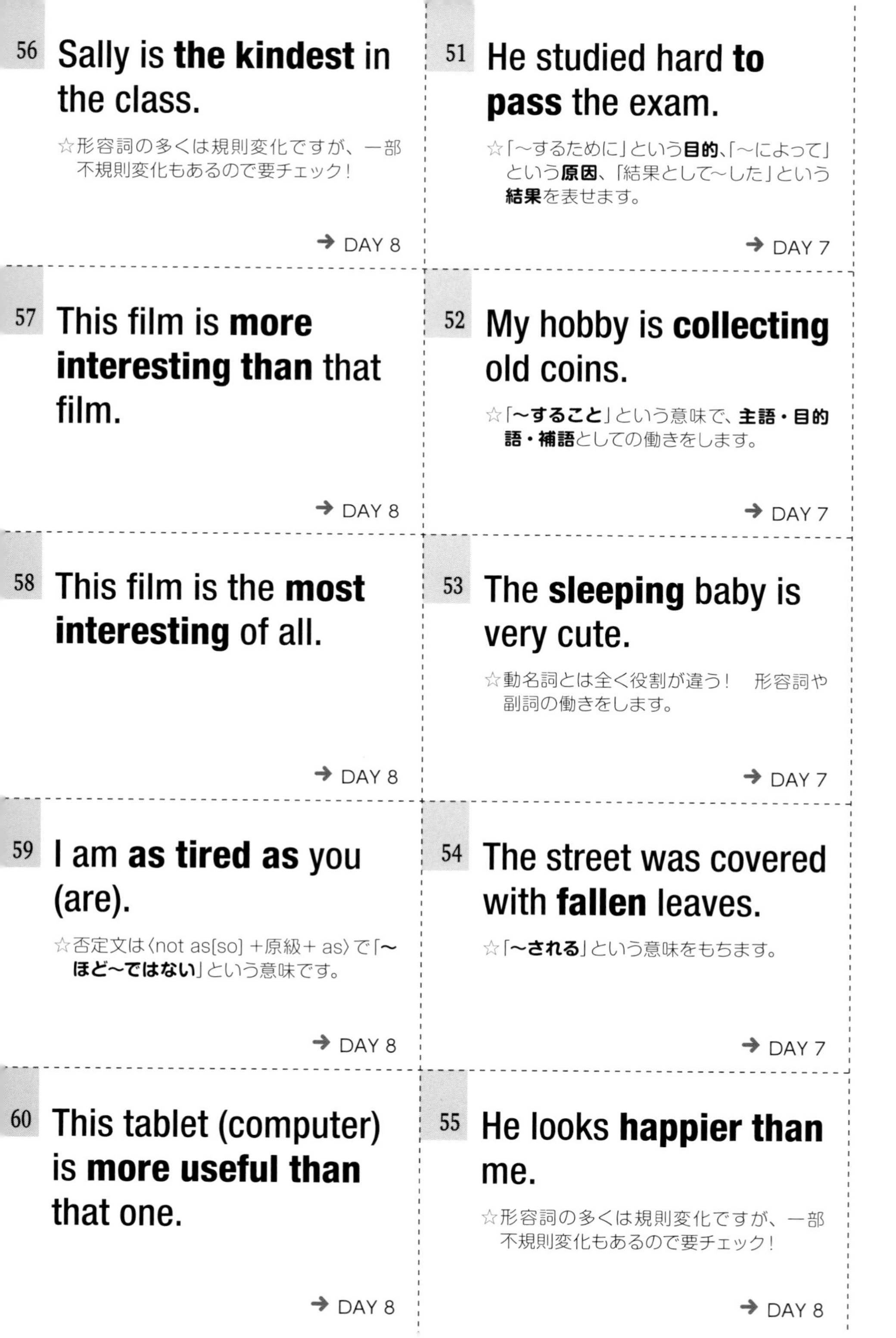

56 Sally is **the kindest** in the class.

☆形容詞の多くは規則変化ですが、一部不規則変化もあるので要チェック！

➔ DAY 8

57 This film is **more interesting than** that film.

➔ DAY 8

58 This film is the **most interesting** of all.

➔ DAY 8

59 I am **as tired as** you (are).

☆否定文は〈not as[so] ＋原級＋ as〉で「**〜ほど〜ではない**」という意味です。

➔ DAY 8

60 This tablet (computer) is **more useful than** that one.

➔ DAY 8

51 He studied hard **to pass** the exam.

☆「〜するために」という**目的**、「〜によって」という**原因**、「結果として〜した」という**結果**を表せます。

➔ DAY 7

52 My hobby is **collecting** old coins.

☆「**〜すること**」という意味で、**主語・目的語・補語**としての働きをします。

➔ DAY 7

53 The **sleeping** baby is very cute.

☆動名詞とは全く役割が違う！　形容詞や副詞の働きをします。

➔ DAY 7

54 The street was covered with **fallen** leaves.

☆「**〜される**」という意味をもちます。

➔ DAY 7

55 He looks **happier than** me.

☆形容詞の多くは規則変化ですが、一部不規則変化もあるので要チェック！

➔ DAY 8

61

文法公式

3つ以上を比べて「**最も～**」は〈**the 最上級+ in[of]**〉

フレーズ

あれは日本の中で一番高い山です。

62

文法公式

関係代名詞を用いて**後ろから**先行詞を**修飾する**!

フレーズ

私は2カ国語を話す女性を知っている。

63

文法公式

主格の関係代名詞は、先行詞が人なら **who**、物なら **which**

フレーズ

これは来年始まる新しいプロジェクトだ。

64

文法公式

所有格の関係代名詞は、先行詞が人でも物でも **whose**

フレーズ

私には母親が医者の友人がいる。

65

文法公式

目的格の関係代名詞は、先行詞が人なら **who(m)**、物なら **which**

フレーズ

あなたには信用できる友人が必要だ。

66

文法公式

関係代名詞 **that** は who や which の**代わりに使える**!

フレーズ

彼は信頼できる男だ。

67

文法公式

時間・曜日関連には前置詞 **at, on, in** を使う

フレーズ

この寺は1570年に建てられました。

68

文法公式

時間・曜日関連には前置詞 **at, on, in** を使う

フレーズ

その有名な双子は1997年1月20日に生まれました。

69

文法公式

時間・曜日関連には前置詞 **at, on, in** を使う

フレーズ

その店は水曜日が休みです。

70

文法公式

場所には **in, at, on** を使う

フレーズ

私はスーパーマーケットの中にいます。

66 He is a man **that** you can trust.

☆that には主格か目的格しかありません。

➜ DAY 9

67 This temple was built **in** 1570.

☆西暦の前には in を使います。

➜ DAY 10

68 The famous twins were born **on** January 20th, 1997.

☆このように西暦＋月日を言いたい場合は on を使います。

➜ DAY 10

69 The shop is closed **on** Wednesdays.

☆曜日に使う前置詞は on です。

➜ DAY 10

70 I'm **in** the supermarket.

➜ DAY 10

61 That is **the highest** mountain **in** Japan.

☆**of** を使って That is **the highest** mountain **of** all the mountains in Japan. でもOKです。

➜ DAY 8

62 I know a woman **who** is bilingual.

☆先行詞は woman で主格の関係代名詞は who になります。

➜ DAY 9

63 This is a new project **which** will start next year.

☆関係代名詞 which は主格（主語）の a new project の働きをしています。

➜ DAY 9

64 I have a friend **whose** mother is a doctor.

☆I have a friend. と Her[His] mother is a doctor. を1つの文にするとこうなります。

➜ DAY 9

65 You need a friend **who** you can trust.

☆who は動詞 can trust の目的語の働きをしています。

➜ DAY 9

71

文法公式

場所には **in, at, on** を使う

フレーズ

スーパーマーケットのところを左に曲がってください。

72

文法公式

場所には **in, at, on** を使う

フレーズ

天井にクモがいるよ。

73

文法公式

方向性を表現する **to, into**

フレーズ

空港へ運転して行きます。

74

文法公式

手段や**動作主**は **by** を使う

フレーズ

クレジットカードで支払われますか、それとも現金ですか。

75

文法公式

手段や**動作主**は **by** を使うが…

フレーズ

我々は、私の車で行きます。

76

文法公式

名詞や形容詞の後ろでも**よく働く前置詞**

フレーズ

彼は私に怒っていた。

77

文法公式

名詞や形容詞の後ろでも**よく働く前置詞**

フレーズ

ご親切にどうも。

78

文法公式

「**～だが**」を意味する**接続詞**

フレーズ

雨が降ったが楽しかった。

※ but を使う

79

文法公式

「**～だが**」を意味する**接続詞**

フレーズ

店は混んでいたが、私たちは買い物を楽しんだ。 ※ although を使う

80

文法公式

「**～でなければ**」を意味する**接続詞**

フレーズ

疲れていないなら、それを済ませてしまおう。 ※ unless を使う

76 He was angry **with** me.

→ DAY 10

77 It's very kind **of** you.

☆How kind of you. だけでも「ご親切にどうも」という気持ちを表せる。

→ DAY 10

78 It rained, **but** we had a good time.

☆**Although** it rained, we had a good time. や We had a good time, it rained **though**. とも言えます。

→ DAY 10

79 **Although** the shop was crowded, we enjoyed shopping.

→ DAY 10

80 **Unless** you are tired, let's get it done.

☆If you are not tired,... としても同意です。

→ DAY 5

71 Turn left **at** the supermarket.

→ DAY 10

72 There's a spider **on** the ceiling.

☆on は接触している状態を表す。A spider is on the ceiling. も同意。

→ DAY 10

73 I'll drive **to** the airport.

→ DAY 10

74 Would you like to pay **by** credit card or in cash?

→ DAY 10

75 We'll come **in** my car.

☆手段は by car と表現しますが、「私の車で」と言いたい場合は in を使います。

→ DAY 10